Governança de Segurança da Informação

Como criar oportunidades para o seu negócio

Sergio da Silva Manoel

Governança de Segurança da Informação

Como criar oportunidades para o seu negócio

PREFÁCIO DE
Edison Fontes

Copyright© 2014 por Brasport Livros e Multimídia Ltda.
Todos os direitos reservados. Nenhuma parte deste livro poderá ser reproduzida, sob qualquer meio, especialmente em fotocópia (xerox), sem a permissão, por escrito, da Editora.

Editor: Sergio Martins de Oliveira
Diretora Editorial: Rosa Maria Oliveira de Queiroz
Gerente de Produção Editorial: Marina dos Anjos Martins de Oliveira
Revisão: Mell Siciliano
Editoração Eletrônica: SBNigri Artes e Textos Ltda.
Capa: Paulo Vermelho
Figuras e marcador de texto: Adair Francisco Ignácio

Técnica e muita atenção foram empregadas na produção deste livro. Porém, erros de digitação e/ou impressão podem ocorrer. Qualquer dúvida, inclusive de conceito, solicitamos enviar mensagem para editorial@brasport.com.br, para que nossa equipe, juntamente com o autor, possa esclarecer. A Brasport e o(s) autor(es) não assumem qualquer responsabilidade por eventuais danos ou perdas a pessoas ou bens, originados do uso deste livro.

M285g   Manoel, Sergio da Silva

Governança de segurança da informação: como criar oportunidades para o seu negócio / Sergio da Silva Manoel – Rio de Janeiro: Brasport, 2014.

ISBN: 978-85-7452-656-0

1. Ambientes de informações – segurança 2. Segurança da informação I. Título

CDD-658.472

Ficha catalográfica elaborada por bibliotecário – CRB 76355

BRASPORT Livros e Multimídia Ltda.
Rua Pardal Mallet, 23 – Tijuca
20270-280 Rio de Janeiro-RJ
Tels. Fax: (21) 2568.1415/2568.1507
e-mails: marketing@brasport.com.br
           vendas@brasport.com.br
           editorial@brasport.com.br
site: **www.brasport.com.br**

Filial SP
Av. Paulista, 807 – conj. 915
01311-100 – São Paulo-SP
Tel. Fax: (11) 3287.1752
e-mail: filialsp@brasport.com.br

Agradecimentos

A Deus, por todos os dias que estamos aqui a celebrar mais um dia de vida bem vivido.

Ao carinho e ao amor da minha mãe, Izilda da Silva Manoel, e ao meu pai, Sergio Christino Manoel (*in memoriam*), pelos valores e princípios, que levarei para o resto da vida no coração.

Aos familiares e amigos que me incentivaram e apoiaram nessa empreitada de escrever um livro com o intuito de transmitir minha experiência e meu conhecimento.

Aos professores dos diversos treinamentos realizados nessa caminhada em querer aprender cada vez mais os seus ensinamentos.

E aos colegas de trabalho, que me deram a oportunidade de aprender e de ensinar sobre o tema Segurança da Informação.

Sobre o Autor

Sergio Manoel é um profissional com mais de dezesseis anos de experiência em Governança, Gestão e Planejamento Estratégico, atuando em empresas do segmento da administração pública federal, militar, telecomunicações, internet e financeiro.

Especialista com sólidos conhecimentos em Segurança da Informação, Tecnologia da Informação, Gestão de Riscos, Gestão de Continuidade de Negócios, Auditoria de Sistemas de Gestão e Gestão de Projetos.

Formado em Gestão de Ambiente de Software Livre, possui Pós-graduação em Auditoria de Tecnologia da Informação, além do MBA em Arquitetura e Governança de Tecnologia da Informação. Atualmente está cursando MBA em Gestão de Negócios.

Possui o certificado *Project Management Professional* (PMP) pelo PMI. É também certificado Auditor Líder de Segurança da Informação (ISO 27001) e Auditor Líder de Gestão de Continuidade de Negócios (ISO 22301).

Também possui certificado em Governança, Riscos e *Compliace Professional*; em MCSO – Módulo *Certified Security Officer; Information Security Foundation based on ISO/IEC 27002; Cobit Foundation;* e ITIL® Foundation.

Atualmente é sócio-diretor da empresa Trinity Cyber Security, criada em 2013 na cidade do Rio de Janeiro, inicialmente focada na criação de soluções para contribuir com os objetivos estratégicos de seus clientes. Conta hoje com um portfólio abrangente no setor de Segurança e Tecnologia da Informação, provendo soluções em Governança, Gestão, Infraestrutura e Sistemas de Informação.

Professor convidado do curso de Pós-Graduação – NCE/UFRJ – *Master Of Information Security* em 2012 e do MBA de Segurança da Informação do IBMEC em 2014.

Prefácio

O tema Governança da Segurança da Informação precisa ser cada vez mais apresentado, estudado, debatido e implantado nas organizações. É um tema novo, considerando que a própria Governança Corporativa está nos seus passos iniciais e seu fortalecimento aconteceu com a legislação forte sobre o assunto, após ocorrências nas corporações, quando os executivos e comitês diretivos falharam e/ou fraudaram os acionistas, clientes e outros interessados. Em alguns casos estas falhas e/ou fraudes repercutiram nas nações e no mercado. Atualmente já estamos em um padrão de maturidade da Governança Corporativa bem aceitável. O mesmo ainda não se pode dizer da Governança da Segurança da Informação, considerando todos os tipos de organização.

Mas é possível desenvolver, implantar e manter a Governança da Segurança da Informação? Sim. Peço ao leitor que siga o caminho do simples. Quando não se tem nada, uma simples aprovação (ou não) do Plano Estratégico da Segurança da Informação pela direção da organização já é um excelente começo de governança. Para os passos seguintes o que fazer? É nesta etapa que este livro traz sua contribuição. Ele apresenta uma abordagem para o desenvolvimento, a criação e a implantação da Governança da Segurança da Informação. Baseado em estruturas de controles e em normas internacionais, o Sergio Manoel segue uma determinada linha de apresentação do assunto e nos presenteia com orientações sobre governança, gestão de segurança e interação desses temas com o negócio da organização.

Após a minha leitura do livro, entendo que a sua maior força é a vontade do autor em apresentar o tema de maneira que o leitor possa entender a Governança da Segurança da Informação. E isso somente acontece porque o Sergio Manoel acredita no que escreve.

Este livro é muito bem-vindo ao mundo do conhecimento em segurança da informação. Parabéns ao Sergio Manoel pela coragem de tratar do tema. Quando escrevemos um livro, nos colocamos abertos para críticas e sugestões. Minha sugestão: continue a escrever, meu caro Sergio Manoel. Bem-vindo ao lado dos que compartilham conhecimento!

Ms. Edison Fontes, CISM, CISA, CRISC
Professor, Gestor, Consultor e Escritor

Autor dos livros: *Políticas e Normas para a segurança da informação*, Editora Brasport (2012), *Clicando com Segurança*, Editora Brasport (2011), *Praticando a segurança da informação*, Editora Brasport (2008), *Segurança da informação: o usuário faz a diferença*, Editora Saraiva (2005) e *Vivendo a segurança da informação*, Editora Sicurezza (2000).

Objetivos do Livro

Tudo na vida precisa ter um objetivo. Como disse o filósofo romano Sêneca: "Enquanto o homem não souber para que ponto quer ir, nenhum vento será vento certo".

Nesta seção estão destacados os principais objetivos desta obra literária.

O primeiro deles é descrever uma proposta de modelo para a Governança de Segurança da Informação nas organizações. Um modelo adaptável a qualquer tipo de negócio, que demonstre todos os benefícios e resultados positivos que o alinhamento de Segurança da Informação junto com os objetivos estratégicos de uma organização podem trazer a curto, médio e longo prazos.

Se bem feito, como exposto no livro, esse alinhamento trará benefícios para a organização, que poderá obter vantagens competitivas no mercado em que atua.

Outro objetivo é identificar e descrever como as organizações podem proteger a sua informação, minimizando os riscos e garantindo a continuidade do negócio. As organizações estão expostas diariamente a vários tipos de riscos que podem causar prejuízos financeiros ou de imagem. Esses riscos precisam ser identificados e tratados, reduzindo a exposição a níveis aceitáveis.

Identificando os riscos podemos conhecer quais são os principais perigos que podem afetar os processos de negócio de uma organização. Caso algum dos riscos identificados venha a ocorrer, tornando-se um incidente grave à organização, esta deve estar preparada para acionar um plano de continuidade de negócio. Desse modo, não terá um prejuízo significativo.

Como é um assunto novo, explica-se o que é afinal o termo "Governança de Segurança da Informação". Mas, antes, o livro conta como surgiu a Governança Corporativa e como a Segurança da Informação faz parte desse processo.

Todas as organizações – administração pública, empresa privada, instituições e empresas sem fins lucrativos – devem proteger a sua informação. Além da proteção, a Segurança da Informação pode contribuir para a obtenção de resultados positivos dos objetivos estratégicos do negócio.

Deve-se ainda, durante a leitura, avaliar a importância da Governança de Segurança da Informação para as organizações, destacando os benefícios esperados para as organizações que têm uma forte Governança de Segurança da Informação.

Seguem alguns benefícios da Governança de Segurança da Informação:

- ✓ Apoiar a implantação dos requisitos de Governança Corporativa relacionados à Segurança da Informação.

- ✓ Alinhar os objetivos de Segurança da Informação com os objetivos estratégicos de negócio.

- ✓ Certificar que a organização estabelece, implementa, opera e monitora um modelo de gestão de risco em conformidade com o Sistema de Gestão da Segurança da Informação presente na ISO/IEC 27001:2013.

- ✓ Implementar controles eficientes e eficazes para a gestão da Segurança da Informação.

- ✓ Assegurar que a informação receba um nível adequado de proteção.

- ✓ Assegurar que funcionários, fornecedores e terceiros tenham uma boa conduta no uso das informações.

Segundo a ABNT NBR ISO/IEC 27014:2013, os resultados desejados com a implantação eficaz da Governança de Segurança da Informação são:

- ✓ Maior visibilidade da alta direção da organização sobre a situação da Segurança da Informação.

- ✓ Uma abordagem ágil para a tomada de decisões sobre os riscos do negócio e de Segurança da Informação (SI).

✓ Investimentos eficientes e eficazes em SI.

✓ Conformidade com requisitos externos (legais, regulamentares ou contratuais).

Por último, e não menos importante, o livro descreve como implantar a Governança de Segurança da Informação nas organizações por meio de um plano estratégico.

Estrutura de capítulos

Na "Introdução", são descritos os principais conceitos e princípios básicos de Segurança da Informação; o que é a informação, o valor dessa informação; e o ciclo de vida das informações.

No capítulo 1, "Governança Corporativa", desvendam-se o que é governança, os princípios básicos de Governança Corporativa e sua integração com outros tipos de governança, com especial atenção para Segurança da Informação, tema do livro.

O capítulo 2, "Modelo de Governança de Segurança da Informação", é o principal tema desta obra. Contém todo o modelo de Governança de Segurança da Informação.

O capítulo 3, "Segurança da Informação nos Processos de Negócios Críticos", mostra como implantar ações de SI nos processos críticos de negócio.

No capítulo 4, "Modelo de Gestão de Segurança da Informação", descreve-se como deve funcionar a gestão de SI e qual a metodologia recomendada. Também ensina a realizar um diagnóstico sobre a Segurança da Informação, inclusive utilizando um teste de invasão.

O capítulo 5, "Implantação da Governança de Segurança da Informação", traz o passo a passo de como planejar, elaborar e implantar um planejamento estratégico de Segurança da Informação.

O capítulo 6, "Família da ISO 27000", conta o histórico das normas internacionais de Segurança da Informação, com ênfase especial na família da ISO 27000 e nas novas atualizações da ISO/IEC 27001:2013 e ISO/IEC 27002:2013.

O capítulo 7, "Considerações Finais", descreve as principais conclusões e reflexões sobre esta obra.

Quem deve ler o livro

Este livro é escrito para todos os profissionais que se perguntam quais são os principais riscos para os processos de negócio de uma organização. O livro explica como os objetivos de Segurança da Informação são alinhados com os objetivos estratégicos de negócio para que a organização se torne mais segura e garanta a continuidade do negócio, o surgimento de oportunidades e o retorno sobre os investimentos.

Este livro é direcionado para os seguintes profissionais:

- ✓ Executivos e gerentes do setor de Segurança da Informação, Tecnologia da Informação, Gestão de Riscos, Gestão de Continuidade de Negócios, Controles Internos, Segurança Física e Prevenção à Fraude e Sabotagem que buscam conhecer e implantar melhorias nos processos e nas áreas de SI de suas organizações.

- ✓ Executivos e gerentes responsáveis pelo planejamento estratégico de Tecnologia da Informação e Segurança da Informação.

- ✓ Profissionais responsáveis pela implementação e gestão da ISO/IEC 27001:2013 – Tecnologia da Informação – Técnicas de Segurança – Sistemas de Gestão de Segurança da Informação – Requisitos e ABNT NBR ISO/IEC 20000-1:2011 – Tecnologia da Informação – Gestão de Serviços Parte 1: Requisitos do sistema de gestão de serviços.

- ✓ Executivos atuantes que se preparam para assumir responsabilidades mais abrangentes.

- ✓ Alunos de pós-graduação e MBA que aspiram a responsabilidades de alta gerência de tecnologia e de Segurança da Informação.

- ✓ Estudantes de tecnologia que queiram proteger o conhecimento estratégico nas organizações onde estudam e trabalham.

- ✓ Público em geral, interessado em entender e aprender como proteger sua informação pessoal.

Incentiva-se a leitura deste livro para a criação e implantação de uma Governança de Segurança da Informação nas organizações. A palavra **organização** foi utilizada no livro para simplificar o aprendizado. Por isso as ideias e recomendações propostas valem igualmente para todas as ditas organizações, sejam elas pequenas, grandes, com ou sem fins lucrativos, ou da administração pública federal, estadual e municipal.

Depoimentos

"Política de Segurança da Informação, hoje, se faz necessária em todas as empresas públicas e privadas. A SI possibilita o gerenciamento da informação de forma eficiente, propiciando a classificação de criticidade e de sigilo e permite definir, de forma mais eficiente, os níveis de acesso às informações e, em caso de sinistro, quais documentos são críticos para a continuidade de negócio, determinando o nível de criticidade e acesso às informações."
Filipe Almada Souto, COO e diretor da empresa ISSX – Soluções e Serviços em Gestão da Informação

"A preocupação com Segurança da Informação em hospitais está regulada por uma série de leis e resoluções, que fazem diversas exigências para garantir a proteção de informações sobre os pacientes, que podem estar em bancos de dados de prontuários médicos ou de informações financeiras. Então, a implantação de um modelo de Governança de Segurança da Informação no ramo hospitalar é condição *sine qua non* para a proteção da informação de vários tipos de ameaças; para garantir a continuidade do negócio; minimizar o risco ao negócio; maximizar o retorno sobre os investimentos e as oportunidades de negócio; e para a preservação da confidencialidade, da integridade e da disponibilidade da informação."
Carlos Eduardo de Souza Quaresma, MBA em Arquitetura e Governança da TI e CIO do Grupo Nossa Senhora do Carmo

"É imprescindível o comprometimento da direção corporativa com a Segurança da Informação – na verdade, é de responsabilidade direta da alta administração. A abordagem deste livro e a definição das especificações relativas a negócio corporativo são a garantia de sobrevivência de qualquer empresa."

Aldo Silva (*in memoriam*), Consultor de Serviços e Tecnologia do Globo.com e diretor de TI – www.hercules-now.com

"Sergio Manoel acerta no tema e no *timing*. Não há assunto mais atual e sensível que a Segurança da Informação. As revelações feitas pelo ex-técnico da CIA, Edward Snowden, escancararam que a espionagem de dados é atividade rotineira entre governos e empresas, e provam também que o grau de exposição do cidadão comum, conectado à internet, é muito mais preocupante do que se imaginava."

André Madruga – jornalista – www.midiapolitica.com

"Em um mundo cada vez mais interconectado e competitivo, a informação tem se confirmado como o ativo mais valioso frente às constantes mudanças. Para as empresas de telecomunicações, a Segurança da Informação passa a ser um importante mecanismo estratégico, que busca proteger a informação de uma grande variedade de ameaças e vulnerabilidades, suportando, assim, a continuidade do negócio."

Rafael Peixoto, MBA, PMP, COBIT, especialista em Governança e Inovação da TIM Brasil

"Implantar a Governança de Segurança da Informação é uma necessidade nas grandes empresas de telecomunicações, pois somos responsáveis pelas informações de milhões de clientes que devem ter os seus dados administrados de forma segura com requisitos de confidencialidade, integridade e disponibilidade. Neste contexto, Sergio Manoel explica de forma fácil e simples como uma empresa pode adicionar valor aos seus serviços de telecomunicações, balanceando os riscos e garantindo a continuidade do negócio."

Márcio Cesar da Silva, MBA em gerenciamento de Projetos – Especialista de Negócio da Oi

Lista de Abreviaturas e Siglas

Lista, em ordem alfabética, das abreviaturas e siglas utilizadas no livro, seguidas das palavras ou expressões correspondentes por extenso.

ABNT – Associação Brasileira de Normas Técnicas

BIA – *Business Impact Analysis* (Análise de Impacto no Negócio)

BSC – *Balanced Scorecard*

BSI – *British Standards Institution*

CEO – *Chief Executive Officer* (Presidente de uma organização)

CFO – *Chief Financial Officer* (Diretor financeiro)

CISO – *Chief Information Security Officer* (Chefe de Segurança da Informação)

COBIT – *Control Objectives for Information and related Technology*

DMZ – *Demilitarized Zone* (Zona desmilitarizada)

ESI – Escritório de Segurança da Informação

GCN – Gestão de Continuidade de Negócios

GSI – Governança de Segurança da Informação

GUT – Gravidade, Urgência e Tendência

IBGC – Instituto Brasileiro de Governança Corporativa

IDS – *Intrusion Detection System* (Sistema de Detecção de Intrusos)

IEC – *International Engineering Consortium*

IP – *Internet Protocol* (Protocolo de Internet)

IPS – *Intrusion Prevention Systems* (Sistema de Prevenção de Intrusões)

ISACA – *Information System Audit and Control*

ISO – *International Organization for Standardization*

ITSEC – *The Information Technology Security Evaluation Criteria*

NAT – *Network Address Translation*

NIST – *National Institute of Standards and Technology*

NSA – *National Security Agency*

NSB – *National Standards Body*

OSSTMM – *Open Source Security Testing Methodology Manual*

OWASP – *The Open Web Application Security Project*

PDCA – *Plan, Do, Check, Act* (Planejar, Fazer, Checar e Agir)

PDCL – *Plan, Do, Check, Learn* (Planejar, Fazer, Checar e Aprender)

PESI – Plano Estratégico de Segurança da Informação

PMO – *Project Management Office*

PMI – *Project Management Institute*

ROSI – *Return Of Security Investments* (Retorno sobre o investimento em Segurança da Informação)

SGSI – Sistema de Gestão de Segurança da Informação

SI – Segurança da Informação

SIEM – *Security Information and Event Management*

SNMP – *Simple Network Management Protocol* (Protocolo simples de gerência de rede)

SQL – *Structured Query Language* (Linguagem de consulta estruturada)

TI – Tecnologia da Informação

VPN – *Virtual Private Network*

Sumário

Introdução 1
    Conceitos básicos 3
    Resumo executivo 5

Capítulo 1 – Governança Corporativa..................................7
    1.1 – Princípios básicos de Governança Corporativa 10
    1.2 – Estrutura de governança e gestão 11
    1.3 – Governança e a organização 12
    1.4 – Integração entre governança corporativa e outros tipos de governança 13
    1.5 – Resumo executivo 15

Capítulo 2 – Modelo de Governança de Segurança da Informação..........16
    2.1 – A norma ABNT NBR ISO/IEC 27014:2013..........................16
    2.2 – Ações para estabelecer um modelo de Governança de Segurança
         da Informação 18
    2.3 – O modelo proposto 21
        2.3.1 – Visão geral dos processos do modelo de Governança de Segurança
             da Informação 25
    2.4 – *Framework* para o modelo de Governança de Segurança da Informação 29
        2.4.1 – Apresentação do COBIT 5 29
        2.4.2 – Níveis de capacidade do COBIT 5 33
        2.4.3 – Implantação dos processos-chave de Governança de SI utilizando
             o COBIT 5 34
        2.4.4 – Proposta de requisitos para o modelo de Governança de Segurança
             da Informação 35

   2.4.5 – Descrição dos processos identificados............................37
   2.4.6 – Análise de capacidade dos processos do COBIT 5..................42
   2.4.7 – Análise de conformidade dos processos do COBIT 5 43
 2.5 – Resumo executivo 47

Capítulo 3 – Segurança da Informação nos Processos de Negócios Críticos 49
 3.1 – Mapeamento dos componentes organizacionais 49
 3.2 – Mapeamento das áreas e dos processos de negócio da organização 50
   3.2.1 – Mapeamento das áreas......................................50
   3.2.2 – Mapeamento dos processos de negócio 52
   3.2.3 – Consolidação dos resultados 55
 3.3 – Resumo executivo 56

Capítulo 4 – Modelo de Gestão de Segurança da Informação 57
 4.1 – A gestão de Segurança da Informação..................................57
 4.2 – Metodologia para a gestão de Segurança da Informação..................58
   4.2.1 – Ciclo da metodologia de gestão de Segurança da Informação 60
 4.3 – Diagnóstico sobre a gestão de Segurança da Informação na organização 65
   4.3.1 – Metodologia de diagnóstico...................................65
   4.3.2 – Gestão de riscos e teste de invasão 71
 4.4 – Funções e responsabilidades da gestão e operação de Segurança
   da Informação 78
   4.4.1 – Funções do CISO (Chefe de Segurança da Informação) 79
   4.4.2 – Funções do Escritório de Segurança da Informação (ESI)............80
 4.5 – Resumo executivo 82

Capítulo 5 – Implantação da Governança de Segurança da Informação 83
 5.1 – Metodologia de elaboração do planejamento estratégico de Segurança
   da Informação 85
   5.1.1 – Objetivos estratégicos de Segurança da Informação 88
   5.1.2 – Matriz dos objetivos estratégicos e objetivos da Segurança
     da Informação 90
   5.1.3 – Plano de ação..92
   5.1.4 – Retorno sobre o investimento em Segurança da Informação 96
   5.1.5 – Medição de indicadores específicos de Segurança da Informação 99

5.1.6 – Escritório de projetos de Segurança da Informação funcionando
      igual a um escritório de projetos 102

5.1.7 – Período de planejamento 104

5.1.8 – Fatores críticos de sucesso 106

5.1.9 – Modelo de Plano Estratégico de Segurança da Informação 106

5.2 – Resumo executivo 109

Capítulo 6 – Família da ISO 27000 111

6.1 – Um pouco de história 111

6.2 – Breve resumo das normas da família ISO/IEC 27000 114

6.3 – Evolução da família 27000 123

   6.3.1 – O que mudou para a ISO/IEC 27001:2013? 123

   6.3.2 – O que mudou para a ISO/IEC 27002:2013? 129

6.4 – Importância da certificação em Segurança da Informação 134

6.5 – Resumo executivo 135

Capítulo 7 – Considerações Finais 138

Referências Bibliográficas 143

Introdução

O tema Segurança da Informação desperta cada vez mais o interesse de pessoas e organizações que prezam proteger o seu bem mais valioso: a informação.

Segundo o dicionário Michaelis, informação é "1. Ato ou efeito de informar. 2. Transmissão de notícias. 3. Instrução, ensinamento. 4. Transmissão de conhecimentos. 5. Opinião sobre o procedimento de alguém. 6. Investigação. 7. Inquérito".

Informação é o resultado do processamento de dados, gerando algum tipo de conhecimento. Essa informação só é importante ou valiosa se fizer diferença para quem a manipula. A informação pode ser constituída por um conjunto de dados que representam um ponto de vista diferente, revelando um significado novo ou trazendo elementos antes desconhecidos para quem a manipula. Ela causa impacto em grau maior ou menor, sendo elemento essencial da criação de conhecimento para determinado assunto.

Hoje, o maior desafio das organizações é transformar informação em conhecimento. Tal conhecimento ajudará na tomada de decisões, representando efetivamente valor para o negócio, dentro de cada um de seus processos, conseguindo as melhores oportunidades competitivas no mercado em que atuam.

Possuindo a informação adequada e gerando o conhecimento que agregue valor para o negócio da organização, ganham-se agilidade, competitividade, previsibilidade de ações futuras e dinamismo para se estabelecer em novos mercados. Esse conhecimento, portanto, é um grande diferencial.

A informação é um ativo da organização, talvez o mais precioso, um bem que deve ser tão protegido quanto os bens físicos, tendo em vista a sua importância para a própria existência da organização.

Segundo o dicionário Aurélio, existem algumas possíveis definições para a palavra segurança: "Ação ou efeito de segurar./Situação do que está seguro; afastamento de todo perigo: viajar com segurança./Certeza, confiança, firmeza: falou com segurança./Garantia, caução: a hipoteca constitui uma segurança real, a caução uma segurança pessoal".

Uma organização deve estar segura em relação às informações que trafegam, apoiando todos os seus processos de diversas formas em diversos meios. Mas por que uma organização deve proteger suas informações?

- Pelo seu valor, como já pode ser entendido. No mundo dos negócios, informação é dinheiro.

- Pelo impacto de sua ausência. Se uma organização não produz nem gera informação, ela não adquire conhecimento.

- Pelo impacto resultante de seu uso por terceiros. A informação preciosa na mão da concorrência pode causar prejuízos significativos.

- Pela importância da existência da informação para gerar conhecimento.

- Pela relação de dependência entre todos os processos de negócio da organização. Sem a própria informação, o processo pode ser tornar inútil para atender ao seu objetivo.

As informações devem ser protegidas também durante todo o seu ciclo de vida.

Veja a seguir um ciclo de vida das informações:

- **Elaboração:** momento em que a informação é produzida.

- **Manuseio:** a informação é manipulada, como, por exemplo, ao digitar informações em um site web, ou, ainda, ao utilizar sua senha de acesso para autenticação na conta de um banco.

- **Armazenamento:** é onde a informação é guardada; seja em um banco de dados ou em uma mídia de CD-ROM depositada dentro de uma gaveta com chave.

- ✓ **Transporte:** a informação é transportada; seja ao encaminhar informações por correio eletrônico ou no diálogo de pessoas, no transporte de envelopes confidenciais etc.

- ✓ **Descarte:** momento onde a informação é descartada; seja ao jogar uma mídia direta na lixeira; seja ao apagar um arquivo eletrônico em seu *desktop* etc.

Conceitos básicos

Neste item serão descritos alguns conceitos básicos de Segurança da Informação. Para o perfeito entendimento deste livro, não serão detalhados conceitos técnicos, apenas os conceitos básicos. Segundo a ABNT NBR ISO/IEC 27002:2005, Segurança da Informação é "a proteção da informação de vários tipos de ameaças para garantir a continuidade do negócio, minimizar o risco ao negócio, maximizar o retorno sobre os investimentos e as oportunidades de negócio".

Os requisitos de confidencialidade, integridade, disponibilidade, autenticidade e legalidade representam os princípios básicos que, atualmente, orientam a análise, o planejamento, a implantação e o controle da Segurança da Informação para um determinado grupo de informações que se deseja proteger.

Os princípios básicos estão descritos a seguir:

- ✓ **Confidencialidade:** toda informação deve ser protegida de acordo com o grau de sigilo. O objetivo é limitar seu acesso e uso apenas às pessoas para as quais são destinadas, usando classificações como "Confidencial", "Reservada" ou "Pública". Preservar a confidencialidade de uma informação significa garantir que apenas as pessoas que devem ter conhecimento a seu respeito terão direito de acessá-la.

- ✓ **Integridade:** característica da informação de manter-se na mesma condição em que foi disponibilizada pelo seu proprietário. Esse requisito tem a propriedade de salvaguarda da exatidão e completeza da informação. A preservação da integridade envolve proteger as informações contra alterações em seu estado original.

- ✓ **Disponibilidade:** qualidade de tornar disponível para usuários, sempre que necessário e para qualquer finalidade, a informação gerada ou adquirida por um indivíduo ou organização. Uma informação disponível é a que pode ser acessada por aqueles que dela necessitam, no momento em que necessitam.

- **Autenticidade:** garantia de que as entidades identificadas em um processo de comunicação, como remetentes ou autores, sejam exatamente o que dizem ser, e de que a mensagem ou informação não tenha sido alterada após o seu envio e recebimento.

- **Legalidade:** a informação gerada deve estar em conformidade com leis, regulamentos e contratos. Além disso, a utilização da Tecnologia de Informação e Comunicação deve estar de acordo com as leis vigentes do local ou país.

Se um desses princípios básicos citados for desrespeitado em algum momento durante o ciclo de vida das informações, isso significa uma quebra de Segurança da Informação, o que pode ser também chamado de incidente de Segurança da Informação.

A SI deve proteger os ativos de informação de uma organização. A definição de ativo de informação é: todo elemento que compõe os processos que manipulam e processam a informação, a contar da própria informação, o meio em que ela é armazenada e os equipamentos tecnológicos em que ela é manuseada, transportada e descartada. O termo **ativo** possui essa denominação por ser considerado um elemento de valor para um indivíduo ou organização e que, por esse motivo, necessita de proteção adequada.

A seguir, estão descritas as categorias de ativos de informação:

- **Informação:** dados de um sistema de informação, informações confidenciais de pessoas, texto escrito em um blog na internet etc.

- **Tecnologia:** equipamentos de conectividade, computadores, celulares etc.

- **Pessoas:** todos os funcionários de uma organização, prestadores de serviço, fornecedores etc.

- **Processos:** é uma sequência de tarefas (ou atividades) que, ao serem executadas, transformam insumos em um resultado com valor agregado. Pode-se citar como exemplo alguns processos de segurança: processo de gerenciamento de controle de acesso físico e lógico, gerenciamento de incidentes de Segurança da Informação, processo de cópias de Segurança da Informação (*backup*) etc.

- **Ambiente:** locais que armazenam informações a serem protegidas, como por exemplo: sala técnica, sala de servidores, *datacenter*, escritório etc.

Os ativos de informação podem fazer parte de uma infraestrutura crítica que, segundo o Gabinete de Segurança Institucional da Presidência da República do Brasil, pode ser definida como instalações, serviços e bens que, se forem interrompidos ou destruídos, provocarão sério impacto social, econômico, político, internacional ou à segurança nacional. Os ativos de informação, como qualquer outro ativo relevante para os processos de negócio de uma organização, têm o seu devido valor e necessitam ser adequadamente protegidos. Por esse motivo, com a dependência dos sistemas de informação, os serviços integrados às telecomunicações, em redes privadas e públicas, podem ter vulnerabilidades, exploráveis por uma série de ameaças, como por exemplo: fraude, sabotagem de sistemas e informações, indisponibilidade de serviços e informações, incêndio, destruição ambiental, dano à estrutura física e a equipamentos, falha em meios de comunicação, vírus, ataques de *hackers* mal intencionados, entre outros.

Uma das principais ameaças a que as organizações estão suscetíveis é a de serem atacadas e exploradas pela falta de controles de Segurança da Informação contra a invasão cibernética. Segundo a Portaria Nº 45 SECDN de 2009, Segurança Cibernética é a arte de assegurar a existência e a continuidade da sociedade da informação de uma nação, garantindo e protegendo, no espaço cibernético, seus ativos de informação e suas infraestruturas críticas.

Durante a leitura deste livro será abordado como proteger as informações circulantes na organização, incluindo a elaboração de um Plano Estratégico de Segurança da Informação, de forma a prevenir e tratar ameaças de ataques, inclusive cibernéticos.

Resumo executivo

O grande desafio das organizações é transformar informação em conhecimento que agregue valor para o seu negócio.

A informação é um ativo valioso para as organizações e devem ter a sua adequada proteção, a fim de proporcionar melhores oportunidades competitivas no mercado em que atuam.

As informações devem ser protegidas durante o seu ciclo de vida:

- ✓ Elaboração
- ✓ Manuseio

- ✓ Armazenamento
- ✓ Transporte
- ✓ Descarte

Segundo a ABNT NBR ISO/IEC 27002:2005, Segurança da Informação é "a proteção da informação de vários tipos de ameaças para garantir a continuidade do negócio, minimizar o risco ao negócio, maximizar o retorno sobre os investimentos e as oportunidades de negócio".

Os princípios básicos de Segurança da Informação são:

- ✓ Confidencialidade
- ✓ Integridade
- ✓ Disponibilidade
- ✓ Autenticidade
- ✓ Legalidade

Os tipos de ativos de informação são:

- ✓ Informação
- ✓ Tecnologia
- ✓ Pessoas
- ✓ Processos
- ✓ Ambiente

Capítulo 1
Governança Corporativa

Caso procure um sinônimo para governança no dicionário Aurélio, encontrará: "governo, que por sua vez significa direção, leme, orientação, domínio, controle".

Para muitos indivíduos a arte de governar só é aprendida quando se chega ao poder de uma nação, organização ou comunidade.

Na prática, um governante começa expondo suas ideias, que podem fazer parte de sua visão de futuro sobre um determinado povo ou assunto, e colhendo as pessoas que mais se adequam e estão de acordo com essa visão. Governar também pode ser entendido como exercer autoridade soberana e continuada para criar, dirigir e manter uma estrutura organizacional eficaz e eficiente, que produz valor e resultados positivos para uma comunidade ou organização.

Aplicando ao universo das grandes organizações, fala-se de conduzir os negócios de forma inteligente, considerando todos os colaboradores (funcionários da organização), o bom senso e o equilíbrio; as leis (regulamentações) e as finanças em um ambiente de liderança; a participação e colaboração de todos colhendo resultados positivos.

Uma das definições de governança, descrita no livro "Segurança da Informação: Uma visão inovadora da gestão", de Gustavo Alves, é a seguinte: "Governança é a estrutura de relacionamentos entre pessoas, processos e tecnologia dentro do escopo de uma organização".

Como conceito, a governança também pode ser definida como o conjunto de processos, tecnologia, pessoas, políticas, leis, regulamentos e agências que afetam a maneira como uma organização é dirigida, administrada ou controlada.

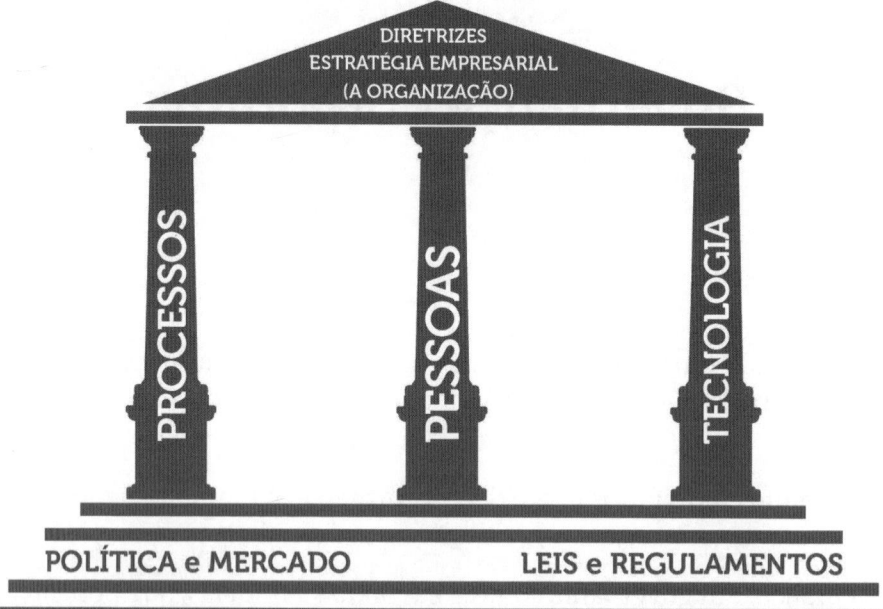

Figura 1. Relação entre processos, pessoas e tecnologia.

Segundo o IBGC (Instituto Brasileiro de Governança Corporativa), governança corporativa "é o conjunto de práticas que tem por finalidade otimizar o desempenho de uma organização ao proteger todas as partes interessadas, tais como investidores, empregados e credores, facilitando o acesso ao capital". A análise das práticas de governança corporativa aplicada ao mercado de capitais deve envolver, principalmente: transparência, equidade de tratamento dos acionistas, prestação de contas e responsabilidade corporativa (sustentabilidade).

Para a governança corporativa é muito importante a satisfação econômica dos investidores ou acionistas. Isso também inclui o relacionamento entre o objetivo estratégico da organização e suas partes interessadas, o que ajuda a sustentar o negócio por um longo período.

A boa governança corporativa permite que pessoas de fora da organização a avaliem. Uma vantagem da governança corporativa é que os seus benefícios são mensuráveis. As iniciativas devem garantir que o conselho de administração e gerenciamento tomem as medidas necessárias para o melhor interesse do negócio da organização.

Um dos benefícios da governança corporativa é que os investidores têm maior segurança sobre os investimentos, tanto pela transparência quanto pelo acesso a detalhes do balanço econômico da organização. Os investidores estão mais bem informados sobre todas as decisões importantes, estratégicas e de gestão, tais como a venda de ativos importantes e as alterações nas políticas da organização.

Seguem alguns benefícios da governança corporativa:

- ✓ A boa governança corporativa garante o sucesso das organizações e o seu crescimento econômico.

- ✓ A governança corporativa forte mantém a confiança dos investidores na empresa, que pode levantar capital de forma eficiente e eficaz.

- ✓ Redução do custo de capital em cada organização onde a governança corporativa está presente.

- ✓ Há um impacto positivo no preço das ações.

- ✓ Incentivo adequado para os proprietários, bem como gestores, para atingir os objetivos que são do interesse dos investidores (acionistas) e da organização.

- ✓ A boa governança corporativa também minimiza desperdícios, corrupção, riscos para o negócio e gestão fraudulenta.

- ✓ Ajuda na formação da marca e no seu desenvolvimento e fortalecimento no mercado onde atua.

Organizações com um sistema de governança corporativa que proteja todos os seus investidores tendem a ser mais valorizadas, já que estes reconhecem que o retorno dos investimentos será usufruído de forma justa por todos.

1.1 – Princípios básicos de Governança Corporativa

Segundo o guia de melhores práticas do Instituto Brasileiro de Governança Corporativa (IBGC), os princípios básicos de que devem reger as organizações são: "a transparência, a prestação de contas, a equidade e a responsabilidade corporativa".

Nos próximos itens, estão descritos em tópicos os princípios básicos de governança.

- ✓ **Transparência**
    - ➢ Uma organização, mais do que a "obrigação de informar", deve cultivar o "desejo de informar" tudo com transparência para todas as partes interessadas.
    - ➢ Uma organização deve sempre querer melhorar a boa comunicação interna e externa, particularmente quando espontânea, franca e rápida, resultando em um clima de confiança para todos, tanto internamente quanto nas relações da organização com terceiros e partes interessadas.
    - ➢ A comunicação não deve se restringir ao desempenho econômico-financeiro, mas deve contemplar também os demais fatores (inclusive os ativos intangíveis – por exemplo, a imagem da organização perante o mercado) que norteiam a ação empresarial e que conduzem à criação de valor.

- ✓ **Equidade**
    - ➢ A organização deve tratar de forma justa e igualitária todos os grupos minoritários (acionistas), seja do capital ou das demais partes interessadas, como colaboradores, prestadores de serviço, clientes, fornecedores ou credores.
    - ➢ A organização não deve ter atitudes ou políticas discriminatórias, sob qualquer pretexto; esses atos são totalmente inaceitáveis.

- ✓ **Prestação de contas**
    - ➢ Os agentes da governança responsáveis por implantar, manter e controlar a governança devem prestar contas de sua atuação a quem os elegeu (sejam eles o presidente, o conselho de administração ou a assembleia geral) e devem responder integralmente por todos os atos que praticarem no exercício de seus mandatos.

> De acordo com o novo código civil (publicado em 2002), caso tomem alguma decisão que venha trazer prejuízo para a organização, os membros do conselho de administração podem responder com seus bens pessoais.

✓ **Responsabilidade corporativa (sustentabilidade)**

> Os conselheiros do conselho de administração e executivos da diretoria ou presidência devem zelar pela perenidade das organizações (visão de longo prazo, sustentabilidade) e, portanto, devem incorporar considerações de ordem social e ambiental na definição dos negócios e operações.

> É uma visão mais ampla da estratégia empresarial da organização, contemplando todos os relacionamentos com a comunidade em que a organização atua.

1.2 – Estrutura de governança e gestão

O objetivo maior dos administradores de todas as corporações deve ser o de garantir a sua perpetuidade. Para isso, é importante garantir que as estratégias de governança e as ações de gestão sejam sempre direcionadas para alcançar os objetivos da organização, e não de um determinado grupo.

Por esse motivo, seus acionistas (*shareholders*) reúnem-se nas Assembleias Gerais Ordinárias anuais e, quando necessário, elegem o conselho de administração, responsável por formular a estratégia da organização e acompanhá-la. Essa situação coloca o acionista no topo do organograma, normalmente não opinando diretamente nas ações da empresa, mas podendo, a qualquer momento, reunir-se em assembleia e escolher novos representantes no conselho, ou até mesmo um novo CEO (presidente).

As organizações em todo o mundo possuem modelos de propriedade distintos, podendo ser dispersos, onde se encontram distribuídas entre diversos grupos, ou familiares, onde uma família controla a maioria das ações de uma empresa, sendo este último muito comum entre as organizações no Brasil. Apesar de um modelo disperso direcionar a organização mais naturalmente para a governança do que o modelo familiar, esta aparece em ambos os casos como um importante instrumento para o gerenciamento de conflitos entre as partes interessadas (*stakeholders*) da organização. Por exemplo: governo;

CEO; acionistas controladores e minoritários; funcionários; colaboradores; clientes; etc.

Uma vez eleito, o conselho de administração tem a atribuição primária de criar valor para a organização e para os acionistas. Para isso, ele pode eleger os membros da diretoria da organização e acompanhar o exercício de suas atribuições. Outra atribuição importante do conselho é tomar decisões que impliquem em planos ou ações de alto impacto da organização, além de servir como conselheiro para o CEO, que ganha um organismo para compartilhar suas ideias e solucionar problemas. O conselho reúne-se em um intervalo regular (a cada mês, trimestre, etc.) e extraordinariamente, sempre que for convocado por seu presidente ou vice.

1.3 – Governança e a organização

A figura a seguir demonstra um exemplo de modelo de estrutura de governança e gestão:

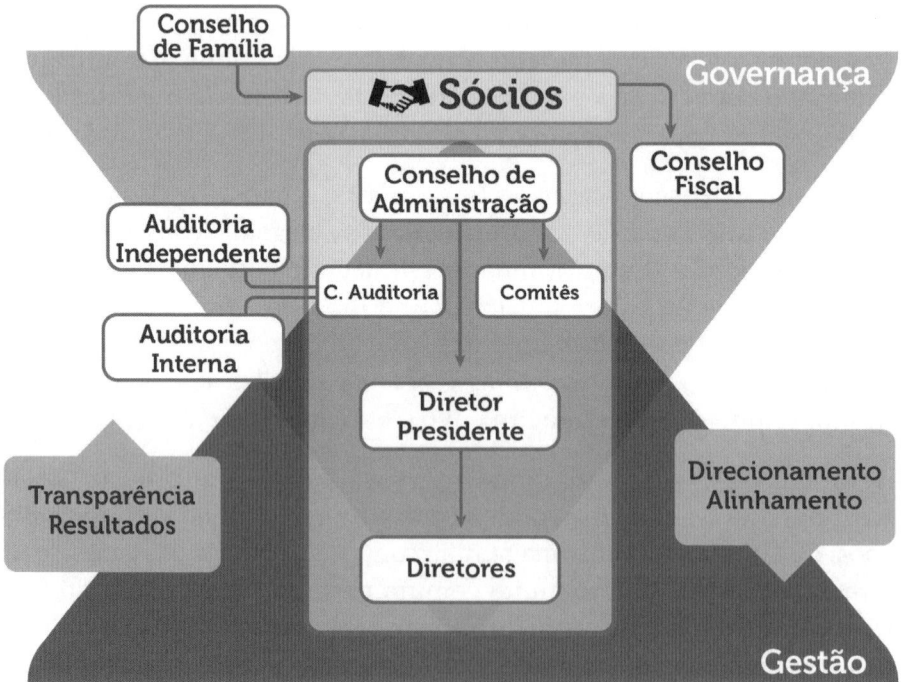

Figura 2. Sistema de governança corporativa. Adaptado de: IBGC. Código das Melhores Práticas de Governança Corporativa.

Na parte superior funciona a governança, ou seja, o conjunto de pessoas, processos e políticas que encaminham as diretrizes de como a organização será dirigida. A governança eficiente trata dos interesses de todos os grupos de acionistas, assim como os de agências reguladoras, ações sociais e todas as demais partes interessadas da organização. Assim, de cima para baixo, temos um fluxo de direcionamento e alinhamento para a gestão da organização.

O CEO geralmente é o elo da governança com a gestão. Ele atua nos dois ambientes e, apesar de não ser indicado pelas boas práticas de gestão, ele pode comumente acumular a função de presidente do conselho de administração (*chairman*). Essa não é uma boa prática, pois, se ele for o presidente do conselho pode surgir um conflito de interesse com o acúmulo de poder do presidente.

Do CEO para baixo encontra-se a gestão da empresa, que recebe um alinhamento estratégico e um direcionamento para gerir os recursos e desenhar as táticas para alcançar os objetivos estratégicos da organização. No sentido de baixo para cima, conforme desenhado na seta, a gestão deve entregar resultados positivos das ações que suportam a estratégia da organização, sempre com transparência para alimentar as futuras decisões; e não prover informações incorretas, o que pode acarretar prejuízos para a organização.

1.4 – Integração entre governança corporativa e outros tipos de governança

Quando se fala em governança pensa-se logo em governança corporativa ou ainda em Governança de Tecnologia da Informação, mas, como visto anteriormente, o termo se refere à forma de se conduzir algo; está ligado a direcionamento, controle e monitoramento.

Pode-se implantar a governança em diversos níveis, como por exemplo:

- ✓ Governança Corporativa
- ✓ Governança de Segurança da Informação
- ✓ Governança de Tecnologia da Informação
- ✓ Governança de Indicadores
- ✓ Governança de Projetos

Já a Governança de Segurança da Informação, tema deste livro, está no nível da gestão das organizações onde existe governança corporativa. Para as demais organizações onde não existe governança corporativa implementada, Governança de Segurança da Informação está diretamente subordinada ao presidente da organização.

Cada modelo de governança indicado nesta seção é um componente integrante da governança corporativa de uma organização, que enfatiza a importância do alinhamento com os objetivos estratégicos de negócio, gerando valor para as partes interessadas.

Conforme indicado pelo IBGC, geralmente traz benefícios para o conselho de administração da organização desenvolver e divulgar uma visão holística e integrada de seu modelo de governança corporativa, da qual recomenda-se que a Governança de Segurança da Informação seja uma parte.

Segundo preconizado na ABNT NBR ISO/IEC 27014:2013, os modelos de governança podem se sobrepor. Por exemplo, segue na próxima figura o relacionamento entre Governança de Segurança da Informação e Governança de Tecnologia da Informação.

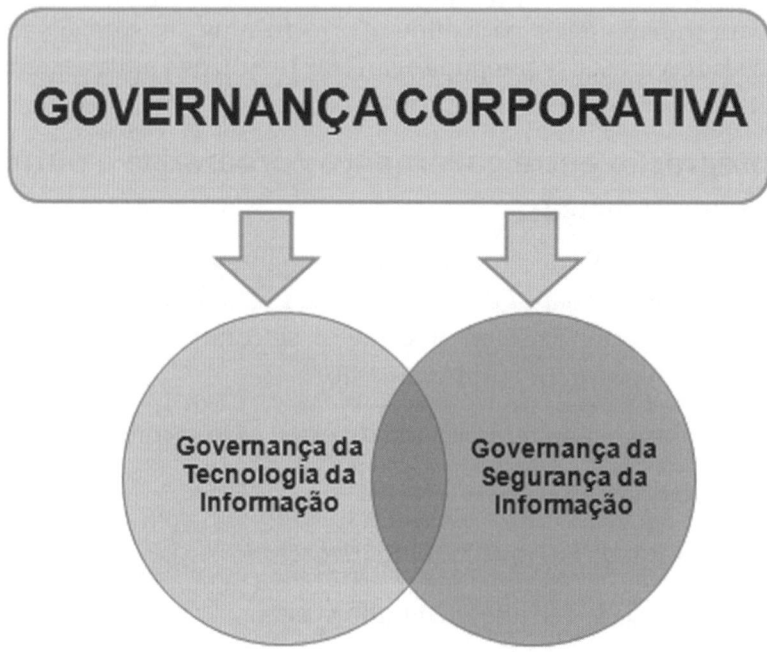

Figura 3. Relacionamento entre Governança de Segurança da Informação e Governança de Tecnologia da Informação, conforme a ABNT NBR ISO/IEC 27014:2013.

Existe um relacionamento entre os modelos de governança, mas o escopo de cada um é diferente. Enquanto a Governança de Tecnologia da Informação visa um processo pelo qual decisões são tomadas sobre os investimentos em TI, o que envolve: como as decisões estratégicas são tomadas, quem toma essas decisões, quem é responsabilizado pela função de gestão e operação da TI e como os resultados são medidos e monitorados. Ou seja, como dirigir, avaliar e monitorar todos os recursos de TI. O escopo da Governança de Segurança da Informação, segundo a ABNT NBR ISO/IEC 27014:2013, abrange a confidencialidade, integridade e disponibilidade da informação. Entretanto, requer também o processo interno de divulgação, de comunicar os resultados para todas as partes interessadas.

1.5 – Resumo executivo

- ✓ Governança é a estrutura de relacionamentos entre pessoas, processos e tecnologia. Também pode ser definida como o conjunto de processos, tecnologia, pessoas, políticas, leis, regulamentos e agências que afetam a maneira como uma organização é dirigida, controlada e monitorada.

- ✓ Princípios básicos de governança corporativa:
    - ➢ Transparência
    - ➢ Equidade
    - ➢ Prestação de contas
    - ➢ Responsabilidade corporativa (sustentabilidade)

- ✓ A governança corporativa pode ser integrada em diversos níveis na organização, basta que o modelo seja seguido de direcionamento, controle e monitoramento. Algumas vezes esses modelos podem ter um relacionamento entre eles, como, por exemplo, Governança de TI e Governança de SI, mas o escopo sempre será diferente.

Capítulo 2
Modelo de Governança de Segurança da Informação

2.1 – A norma ABNT NBR ISO/IEC 27014:2013

Em 2013 foi publicada a norma ABNT NBR ISO/IEC 27014:2013 – Tecnologia da Informação – Técnicas de Segurança – Governança de Segurança da Informação, que descreve uma série de ações para a implantação da GSI. A norma, porém, não descreve como essas ações devem ser implantadas nem quem deve ter a responsabilidade de implantá-las.

O modelo de Governança de Segurança da Informação é proposto justamente para direcionar, com exemplos simples, como e quem deve implantar essa governança. Antes mesmo da publicação da norma, várias organizações já tinham o seu modelo implantado, faltando apenas alinhar com o que direciona a ABNT NBR ISO/IEC 27014:2013.

Os objetivos da GSI, segundo a ABNT NBR ISO/IEC 27014:2013, são:

- ✓ Alinhar os objetivos e a estratégia da Segurança da Informação com os objetivos e a estratégia do negócio da organização.

- ✓ Agregar valor para a alta direção e para as partes interessadas (entrega de valor).

- ✓ Garantir que os riscos da informação estão sendo adequadamente endereçados para as pessoas responsáveis.

Segundo a ABNT NBR ISO/IEC 27014:2013, os resultados desejados a partir da implantação eficiente e eficaz da GSI são:

- ✓ Visibilidade da alta direção sobre a situação da Segurança da Informação.

- ✓ Uma abordagem ágil para a tomada de decisões sobre os riscos da informação.

- ✓ Investimentos eficientes e eficazes em Segurança da Informação.

- ✓ Conformidade com requisitos externos (legais, regulamentares ou contratuais).

A ABNT NBR ISO/IEC 27014:2013 define princípios para a Governança de Segurança da Informação. Os princípios, que norteiam todas as diretrizes e ações da SI, são a declaração de alto nível de como a Segurança da Informação será utilizada no negócio da organização.

Os princípios são:

- ✓ **Princípio 1 – Estabelecer a Segurança da Informação em toda a organização.** A Segurança da Informação deve se tratada em um nível organizacional. Como ela está presente em todos os ativos de informação da organização, deverá ser levada em consideração nos processos de negócio, incluindo a sua atribuição de responsabilidade para a alta direção e as demais partes interessadas.

- ✓ **Princípio 2 – Adotar uma abordagem baseada em riscos.** Para implantar uma gestão de riscos, a organização deverá utilizar a norma ABNT NBR ISO/IEC 27005:2011. Ela deverá auxiliar quais os riscos serão identificados e tratados pelas ações de Segurança da Informação. A organização deverá incluir a definição do seu apetite para o risco estabelecendo o quanto de segurança é aceitável para os processos de negócios funcionarem sem imprevistos.

- ✓ **Princípio 3 – Estabelecer a direção de decisões de investimento.** A organização deve ter decisões sobre quanto e onde investir em Segurança da Informação, incluindo a aprovação de ações, projetos e as técnicas de justificação. Esse processo visa responder a três perguntas: quanto gastar? Em que gastar? Como reconciliar necessidades de diferentes grupos de interesse?

✓ **Princípio 4 – Assegurar conformidade com os requisitos internos e externos.** A organização deve buscar sempre conformidade com requisitos externos que são legais, regulamentares ou contratuais, por meio de políticas e ações de Segurança da Informação que atendam à legislação e a regulamentações pertinentes obrigatórias, assim como aos requisitos de negócio ou contratuais e a outros requisitos externos ou internos.

✓ **Princípio 5 – Promover um ambiente positivo de segurança.** O ativo de informação mais importante para a Segurança da Informação são as pessoas. A organização deve dedicar tratamento especial às pessoas, por meio de um processo de conscientização e treinamento periódico em SI para todos os funcionários, prestadores de serviços e terceiros.

✓ **Princípio 6 – Analisar criticamente o desempenho em relação aos resultados de negócios.** A organização deve estabelecer um processo para avaliar e monitorar periodicamente os resultados das ações de Segurança da Informação. Deve estabelecer um processo de medição de desempenho para monitoramento, auditoria e melhoria, associando, assim, o desempenho da SI com o desempenho do negócio.

2.2 – Ações para estabelecer um modelo de Governança de Segurança da Informação

Para estabelecer um modelo de Governança de Segurança da Informação, primeiramente a alta direção da organização deve estar comprometida com o sucesso desse empreendimento. Sem aprovação da alta direção, o processo como um todo se torna cansativo e custa ter retorno, além da má vontade da maioria dos funcionários em aderir à iniciativa. Como descrito no capítulo 1, para as organizações que já têm o seu modelo de governança corporativa estabelecida, esse empreendimento deve ser votado e aprovado pelo conselho de administração. Para as organizações que não têm governança corporativa, ele deve ser aprovado pelo presidente, mostrando, assim, comprometimento com o sucesso da iniciativa. Pelas boas práticas de gestão das organizações é recomendado que essa ação seja tratada como um projeto, pois ela terá início e fim e será feita através de um planejamento. O capítulo 5 deste livro é dedicado a como implantar a Governança de Segurança da Informação, descrevendo em detalhes como planejá-la e executá-la.

Tendo o aceite da alta direção, o primeiro passo é nomear um responsável que poderá ser cobrado pelos resultados positivos (ou não) que proporcionará a médio e longo prazos. Essa pessoa, muitas vezes denominada CISO, do termo em inglês *Chief Information Security Officer* (Chefe de Segurança da Informação), em algumas organizações tem a função de diretor e deve estar subordinada diretamente ao presidente da organização.

Este é um cargo de extrema confiança e requer um nível elevado de capacidade técnica e de diálogo com todas as áreas da organização. Essa função interfere em muitos aspectos e, principalmente, interfere em pessoas, na cultura e no poder que as pessoas têm dentro da organização. Esse profissional irá conhecer e posteriormente tratar de informações sigilosas, além de identificar os principais riscos aos quais a organização está suscetível, como ter prejuízos financeiros ou de imagem. Por isso, é desejável que ele tenha uma série de atributos. Entre eles:

- ✓ Ter visão global e foco local, com conhecimentos amplos e genéricos sobre os temas Segurança da Informação, Tecnologia da Informação, riscos, telecomunicações, gestão de continuidade de negócios, entre outros.

- ✓ Tomar decisões por meio de Gestão de Riscos.

- ✓ Criar, implantar e multiplicar padrões de Segurança da Informação, como uma arquitetura de SI, e implantação de melhores práticas.

- ✓ Ter uma boa capacidade de negociação entre os membros da equipe e os demais setores da organização.

- ✓ Capacidade para planejar e executar projetos críticos e complexos.

- ✓ Comunicar-se com facilidade.

- ✓ Relacionar-se com habilidade.

- ✓ Ter capacidade de liderança.

- ✓ Ser um agente de mudanças.

A visão global com foco local é importante para que o CISO consiga resolver as ações imediatas (de curto prazo), sem perder o foco das ações de longo prazo.

Esse profissional deve ter capacidade de coordenação e de tomada de decisões. Muitas vezes, situações rotineiras devem ser tratadas no nível da gestão e devem ser tomadas as melhores decisões para a organização. Além disso, o CISO deve ter capacidade de negociar com outras áreas, para ganhar apoio dos gestores ao implantar medidas de Segurança da Informação. O CISO deve ter conhecimentos amplos e genéricos sobre SI e capacidade para gerir diversos projetos ao mesmo tempo.

Muitas vezes, esse Chefe de Segurança da Informação está alocado na área de Tecnologia da Informação. Este é um erro comum e grave que acontece em muitas organizações. A área de Tecnologia da Informação é considerada o setor da organização mais afetado com as ações de Segurança da Informação, sejam elas projetos ou implantações de controles de SI, e, como vamos ver mais adiante, o setor de SI é responsável por fiscalizar e auditar o cumprimento de suas determinações. Com o setor de Tecnologia da Informação, muito possivelmente o chefe de TI será o chefe do CISO. Neste caso, um relatório de auditoria, por exemplo, poderá não relatar possíveis não conformidades da área de TI, visto que, para a alta direção da organização, há conflito de interesse com a exposição das infrações da área.

Além disso, como visto na Introdução, para proteger os ativos de informação, a Segurança da Informação deve permear toda a organização. Esses ativos são presentes na própria informação, tecnologia, pessoas, processos e ambiente.

Com o CISO escolhido pela alta direção da organização, deve-se começar o projeto definindo o que é Governança de Segurança da Informação para a organização. Através dessa definição, ele terá o principal escopo do projeto.

Uma das definições mais completas é a seguinte:

A GSI é representada por um conjunto de estruturas e de processos que visa garantir a direção, a avaliação, a monitoração e a comunicação das atividades da Segurança da Informação para suportar os objetivos estratégicos da organização, adicionando valor aos serviços entregues, balanceando os riscos, viabilizando o retorno sobre os investimentos em segurança e garantindo a continuidade do negócio.

O ponto-chave da boa Governança de Segurança da Informação é alinhar a SI aos objetivos estratégicos da organização, visando assim contribuir para o sucesso do negócio.

Para isso, primeiro temos que pesquisar se na organização existe algum planejamento estratégico e verificar quais são os seus principais objetivos. Para as organizações que não têm esse planejamento, deve-se entrevistar a alta direção e, através de técnicas como o *Balanced Scorecard* (BSC) – ferramenta para direcionar o planejamento estratégico – e Análise SWOT – ferramenta direcionada para analisar cenários a partir de forças, fraquezas, oportunidades e ameaças da organização – extrair as principais diretrizes da organização e seus objetivos estratégicos.

Essa entrevista realizada com a alta direção da organização é de suma importância para direcionar todo o modelo de Governança de Segurança da Informação, pois quem está conduzindo diariamente a estratégia da organização sabe aonde a organização quer chegar, tendo uma visão de longo prazo. E a Segurança da Informação será um dos facilitadores para que a organização alcance esta sua visão.

Além disso, é importante ressaltar que os entendimentos e a visão da alta direção sobre conceitos e estratégias de proteção às informações servem de objetivo para avaliar a maturidade e capacidade atual e a desejável da Governança de Segurança da Informação, e alinhar as propostas de projetos de SI à visão da alta direção da organização.

Dessa entrevista, é recomendável elaborar um documento que pode ser chamado de **"REGISTRO DE REQUISITOS DE SEGURANÇA DA INFORMAÇÃO"**, que servirá de subsídio para a confecção do Plano Estratégico de Segurança da Informação e para a elaboração dos objetivos de SI.

Dessa forma, alinha-se a Segurança da Informação aos objetivos estratégicos da organização.

2.3 – O modelo proposto

Como visto no capítulo 1 deste livro, o modelo de governança irá contribuir para a organização atingir os seus objetivos estratégicos, otimizando o desempenho ao proteger todas as partes interessadas e facilitando o acesso ao capital, garantindo a perenidade da organização.

Tendo esse conceito como filosofia, será proposto um modelo para se adaptar facilmente ao modelo de governança já estabelecido na organização. Sendo assim, ficará mais fácil o entendimento de todos de como a Segurança da Informação será tratada para atender aos objetivos estratégicos da organização.

Volto a frisar que para as organizações que não têm uma governança já estabelecida o modelo é o mesmo. O modelo proposto de Governança de Segurança da Informação continuará subordinado diretamente ao presidente da organização.

No nível de governança deve estar o Comitê de Segurança da Informação. Este comitê é um grupo formado com o propósito de tomar as decisões estratégicas, elaborar diretrizes para serem seguidas por todos, mostrar suporte e força para as decisões e deliberar sobre os aspectos que demandam o envolvimento da alta direção.

Entre as funções e responsabilidades do Comitê de SI, estão: decisão sobre os investimentos de Segurança da Informação – recomenda-se que a organização tenha um orçamento exclusivo para o tema; aprovação do Plano Estratégico de Segurança da Informação; e cobrança dos resultados positivos da área de gestão que são esperados do modelo de Governança de Segurança da Informação.

Em organizações de grande porte e capital aberto, este comitê de SI normalmente é formado por executivos. Em organizações de médio e pequeno porte, conta com a presença de diretores. Em ambos os casos, a ideia é representar a visão e preocupação das diversas áreas.

A reunião de gestores com visões do mesmo objeto, mas de pontos diferentes, é de fundamental importância para a obtenção real dos problemas, dos desafios e das consequências. Dessa forma, recomenda-se envolver representantes das áreas dos diferentes setores da organização, como por exemplo área jurídica, área de comunicação social e marketing, área de inteligência competitiva, área de planejamento e financeiro e área de recursos humanos. Isso trará muitos benefícios para a Governança de Segurança da Informação.

O comitê deve ser composto por integrantes nomeados pela alta direção da organização, com ou sem prazo fixo de mandato. As deliberações do comitê de SI devem ser tomadas pela maioria dos membros que o compõe e a função de integrante do comitê deve ser indelegável.

Recomenda-se também que o CISO seja o líder deste comitê, por ter mais conhecimento sobre o assunto. É possível que o presidente da organização esteja ou não diretamente envolvido. Quando isso acontecer, o efeito do comprometimento da direção é muito gratificante para o sucesso deste comitê e, por conseguinte, o sucesso de todo o modelo de Governança de Segurança da Informação.

Nos passos iniciais da estruturação do modelo de Governança de Segurança da Informação, este comitê estará envolvido de maneira mais direta. Porém, ao longo do tempo, deve se reunir bimestralmente, ou a qualquer momento, conforme requerido pelas circunstâncias, para discutir assuntos relevantes e traçar os objetivos de negócio da Segurança da Informação.

Devem ser preparadas atas, documentando o conteúdo das reuniões, que devem ser revisadas e aprovadas pelos integrantes do comitê e distribuídas aos demais participantes.

Este comitê deverá elaborar semestralmente, ou em outro momento determinado pela alta direção da organização, o documento denominado Relatório do Comitê de Segurança da Informação, a ser enviado para a alta direção, contendo, entre outros aspectos, as seguintes informações:

- ✓ Descrição das atividades exercidas durante o período.

- ✓ Avaliação da efetividade do modelo de Governança de Segurança da Informação, com ênfase nos regulamentos internos e no cumprimento das leis em vigor.

- ✓ Análise dos resultados parciais e finais das ações de forma a medir efeitos, comparando-os às metas definidas e realizando os devidos ajustes.

- ✓ Descrição das deficiências detectadas, bem como das recomendações apresentadas à alta direção da organização, com a indicação daquelas não acatadas e respectivas justificativas.

O CISO deve fazer o alinhamento das decisões estratégicas de Segurança da Informação que serão disponibilizadas em forma de diretrizes pelo comitê de SI com a gestão de SI. Ele atua tanto na Governança de Segurança da Informação quanto na gestão da Segurança da Informação.

Nesse contexto, a equipe de Segurança da Informação, também denominada de ESI (Escritório de Segurança da Informação), tem como função básica assessorar o chefe de SI em assuntos referentes ao gerenciamento da SI, protegendo os ativos de informação e minimizando os riscos a níveis aceitáveis.

Esse escritório deve ser liderado pelo Chefe de Segurança da Informação.

A implantação de controles de SI por meio de processos para a proteção das informações é umas das formas de prover garantia de que a informação estará protegida.

Portanto, conforme a figura a seguir, o comitê de SI, formado por diversos membros executivos da organização, como por exemplo o CEO e o CFO (diretor financeiro), em conjunto com o CISO, deve prover as diretrizes de Segurança da Informação em conformidade com os objetivos estratégicos de negócio da organização. Por sua vez, a gestão da organização, formada pelo CISO, deve absorver as diretrizes passadas e transformá-las em serviços com resultados positivos para dar suporte às diretrizes da GSI. O Escritório de Segurança da Informação deve implantar as ações e os serviços conforme orientações do CISO.

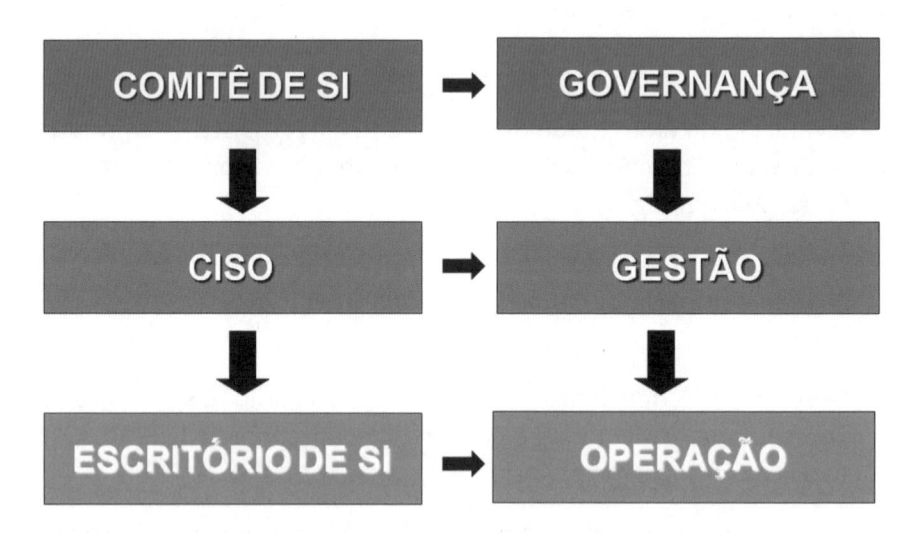

Figura 4. Alinhamento da governança, gestão e operação.

Em muitas organizações é bastante complicado ter uma infraestrutura de comitê para tratar dos assuntos relacionados à Segurança da Informação, pois as pessoas-chave da organização estão atribuladas com as questões do seu departamento e não consideram importante esse aspecto no processo de negócio que está sob a sua responsabilidade. Quando não for possível organizar um comitê de SI, o CISO deverá assumir as responsabilidades desse comitê.

2.3.1 – Visão geral dos processos do modelo de Governança de Segurança da Informação

Veja adiante o modelo de implantação de Governança de SI, conforme preconizado na ABNT NBR ISO/IEC 27014:2013:

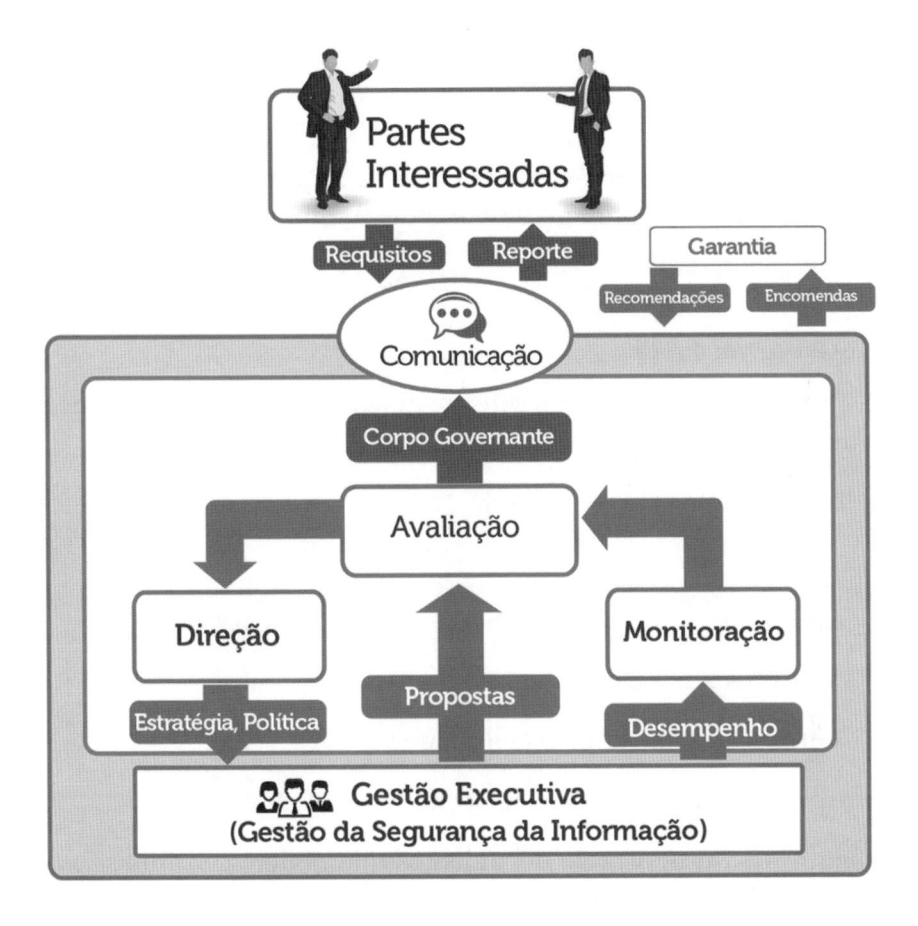

Figura 5. Modelo de implantação de Governança de SI. Adaptado de: ABNT NBR ISO/IEC 27014:2013.

2.3.1.1 – Processo: avaliação

Neste processo será feita a avaliação se os objetivos de Segurança da Informação foram atingidos, com base nos indicadores que devem ser propostos durante a implantação do modelo de Governança de Segurança da Informação. Essa análise tem a função de melhorar continuamente o processo, com a implantação de ações necessárias para atingir o sucesso futuro dos objetivos de SI.

A seguir, uma proposta de documentos que podem ser utilizados como entradas e saídas deste processo.

Entradas: indicadores de desempenho do processo, indicadores de meta do processo etc.

Saídas: relatórios de desempenho da Segurança da Informação, número de objetivos avaliados, número de ações de SI implementadas por objetivos etc.

2.3.1.2 – Processo: direção

Este processo deve fornecer o direcionamento sobre os objetivos de Segurança da Informação. Pode incluir as seguintes ações:

- ✓ Investimentos em recursos.
- ✓ Alocação de recursos.
- ✓ Aprovações de políticas de Segurança da Informação.
- ✓ Aprovação do plano de gestão de riscos.
- ✓ Aprovação sobre as estratégias de SI.
- ✓ Aprovação dos objetivos de SI etc.

A seguir, uma proposta de documentos que podem ser utilizados como entradas e saídas deste processo.

Entradas: relatórios de desempenho da Segurança da Informação, relatório de tratamento de incidentes etc.

Saídas: plano de investimentos em SI, políticas de SI aprovadas, plano de gestão de riscos aprovados, estratégias de SI, objetivos de SI etc.

2.3.1.3 – Processo: monitoração

Neste processo será realizada a validação da eficiência, eficácia e evolução dos objetivos de SI, em termos de desempenho, e quanto esses objetivos estão agregando valor ao negócio da organização.

A seguir, uma proposta de documentos que podem ser utilizados como entradas e saídas deste processo.

Entrada: relatório de desempenho da Gestão de Segurança da Informação.

Saídas: percentual de processos críticos monitorados, quantidade de ações de melhoria implantadas por atividades de monitoração, quantidade de metas e indicadores de objetivos de SI atingidas etc.

2.3.1.4 – Processo: comunicação

Neste processo é realizada a troca de informações com as partes interessadas sobre os objetivos de SI e as ações de Segurança da Informação implantadas. Devem ser enviados e publicados o status da SI para todas as partes interessadas envolvidas com a organização, a fim de que tomem ciência do modelo de Governança de Segurança da Informação.

Por ser um processo bidirecional, as entradas e saídas podem ser as mesmas.

A seguir, uma proposta de documentos que podem ser utilizados como entradas e saídas deste processo.

Entradas: requisitos de SI das partes interessadas, relatório de desempenho de SI etc.

Saída: relatório de status de Segurança da Informação detalhado.

2.3.1.5 – Processo: garantia

Este processo é planejado pelo comitê de SI e executado por uma auditoria independente de Segurança da Informação, ou seja, uma auditoria externa à organização.

A seguir, uma proposta de documentos que podem ser utilizados como entradas e saídas deste processo.

Entrada: relatório de escopo da auditoria independente de Segurança da Informação.

Saídas: relatório de auditoria, relatório de conformidade e não conformidades, recomendações para os processos etc.

O posicionamento estratégico da Governança de Segurança da Informação dentro do modelo de governança corporativa ficará na área da gestão da organização, assessorando diretamente o presidente e contribuindo com os objetivos estratégicos da organização, conforme demonstrado na próxima figura:

Figura 6. Modelo da Governança de Segurança da Informação. Figura adaptada do site da fonte: IBGC, www.ibgc.org.br – Código das Melhores Práticas de Governança Corporativa.

O comitê de SI, assessorado pelo Chefe de Segurança da Informação, deverá planejar e executar os processos de: Avaliação, Direção, Monitoração, Comunicação. O processo de Garantia deverá ser planejado pelo Comitê de SI e executado por uma auditoria externa à organização.

2.4 – *Framework* para o modelo de Governança de Segurança da Informação

Nesta seção será apresentado o COBIT 5. Como base neste *framework*, os níveis de capacidade e conformidade utilizados nas análises e os requisitos para a existência de um modelo de Governança de Segurança da Informação serão medidos em números.

2.4.1 – Apresentação do COBIT 5

Desenvolvido e difundido pelo ISACA (*Information System Audit and Control*) e pelo *IT Governance Institute* (apenas a terceira edição), o COBIT é um modelo considerado, por muitos, como a base da Governança de Tecnologia da Informação.

No final de 2012, foi lançada a versão 5.0 do COBIT. A sua evolução integra o conteúdo dos principais *frameworks* publicados pela ISACA: COBIT 4.1; Val IT; *Business Model for Information Security* (BMIS); *IT Assurance Framework* (ITAF); *Taking Governance Forward* (TGF); e *Board Briefing on IT Governance 2nd Edition*.

Veja a seguir a evolução do escopo do COBIT, de acordo com o site do ISACA.

Tabela 1. Evolução do escopo do COBIT de 1996 até 2012.
Adaptado de: www.isaca.org/cobit, ISACA, 2012.

Evolução do escopo do COBIT		
Ano	Nome	Forma de atuação
1996	COBIT 1	Auditoria
1998	COBIT 2	Controle
2000	COBIT 3	Gerenciamento de Tecnologia da Informação
2005-2007	COBIT 4.0/4.1	Governança de Tecnologia da Informação
2008	Val IT 2.0	Gestão e Prestação de Serviços de Tecnologia da Informação
2009	Risk IT	Gerenciamento de Riscos de Tecnologia da Informação
2012	COBIT 5	Governança Empresarial de Tecnologia da Informação

O COBIT está baseado em cinco princípios:

✓ Satisfazer as expectativas e as necessidades das partes interessadas.

✓ Separar governança (avaliar, dirigir e monitorar) de gerenciamento (planejar, construir, executar e monitorar).

✓ Habilitar uma visão holística.

✓ Aplicar um *framework* integrado único.

✓ Cobrir a organização e o negócio de ponta a ponta.

Por ter sido concebido com base em diversas normas e pelas boas práticas do mercado de Tecnologia da Informação, o COBIT 5 possui uma flexibilidade de atuação com outras normas e metodologias que outros padrões não possuem. Além disso, sua comunicação com os objetivos estratégicos de negócio é muito clara, o que permite realizar a integração da Segurança da Informação ao negócio de forma simples. Nesse primeiro momento, irá se tratar apenas do ativo de informação do tipo de tecnologia que é o escopo do COBIT 5, pois a área de TI é a mais afetada pelos controles de Segurança da Informação.

Pelos modelos de Governança de Tecnologia da Informação e o modelo de Governança de Segurança da Informação terem um relacionamento e se sobreporem, e as diretrizes do COBIT 5 serem descritas de modo genérico, será feita a adaptação necessária para os conceitos de SI.

O COBIT 5 funcionará como uma entidade de padronização e estabelecerá métodos formalizados para guiar a área de Segurança da Informação da organização, incluindo qualidade e evolução dos níveis de capacidade para os ativos de Tecnologia da Informação.

Para que possa refletir um modelo para os processos de Tecnologia da Informação, o COBIT 5 está estruturado em cinco domínios. Os seus 37 processos estão organizados em domínios que se relacionam, de forma primária ou secundária, com as quatro dimensões da metodologia do *Balanced Scorecard*.

Os domínios do COBIT 5 e os seus processos são:

✓ **Processos para a Governança Empresarial de Tecnologia da Informação**

> Avaliar, Dirigir e Monitorar

- EDM01 – Assegurar o Estabelecimento e a Manutenção do *Framework* de Governança
- EDM02 – Assegurar a Entrega de Benefícios
- EDM03 – Assegurar a Otimização de Riscos
- EDM04 – Assegurar a Otimização de Recursos
- EDM05 – Assegurar a Transparência para as Partes Interessadas

✓ **Processos para o Gerenciamento Empresarial de Tecnologia da Informação**

> Alinhar, Planejar e Organizar

- APO01 – Gerenciar o *Framework* de Gestão de Segurança da Informação
- APO02 – Gerenciar a Estratégia
- APO03 – Gerenciar a Arquitetura Corporativa
- APO04 – Gerenciar a Inovação
- APO05 – Gerenciar o Portfólio
- APO06 – Gerenciar o Orçamento e os Custos
- APO07 – Gerenciar os Recursos Humanos
- APO08 – Gerenciar Relacionamentos
- APO09 – Gerenciar os Acordos de Serviço
- APO10 – Gerenciar os Fornecedores
- APO11 – Gerenciar a Qualidade
- APO12 – Gerenciar os Riscos
- APO13 – Gerenciar a Segurança

- Construir, Adquirir e Implementar
  - BAI01 – Gerenciar Programas e Projetos
  - BAI02 – Gerenciar a Definição de Requisitos
  - BAI03 – Gerenciar a Identificação e Construção de Soluções
  - BAI04 – Gerenciar a Disponibilidade e Capacidade
  - BAI05 – Gerenciar a Implementação de Mudança Organizacional
  - BAI06 – Gerenciar Mudanças
  - BAI07 – Gerenciar Aceite e Transição de Mudança
  - BAI08 – Gerenciar o Conhecimento
  - BAI09 – Gerenciar os Ativos
  - BAI10 – Gerenciar a Configuração
- Entregar, Servir e Suportar
  - DSS01 – Gerenciar as Operações
  - DSS02 – Gerenciar Requisições de Serviço e Incidentes
  - DSS03 – Gerenciar Problemas
  - DSS04 – Gerenciar a Continuidade
  - DSS05 – Gerenciar Serviços de Segurança
  - DSS06 – Gerenciar os Controles de Processos de Negócio
- Monitorar, Avaliar e Medir
  - MEA01 – Monitorar, Avaliar e Medir o Desempenho e Conformidade
  - MEA02 – Monitorar, Avaliar e Medir o Sistema de Controle Interno
  - MEA03 – Monitorar, Avaliar e Medir a Conformidade com Requisitos Externos

2.4.2 – Níveis de capacidade do COBIT 5

A capacidade de processo significa a extensão em que o processo é explicitamente planejado, gerenciado, medido, controlado e eficaz.

Além dos cinco domínios principais, existe também a questão de auditoria, que permite verificar, através das avaliações periódicas, o nível de capacidade dos processos da organização.

A evolução do COBIT 5 trouxe um novo modelo para a avaliação de processos: o *Process Capability Model*. Agora os processos são avaliados pela sua capacidade, alinhados à norma internacional ISO/IEC 15504 de engenharia de software.

Os níveis de avaliação de processos são:

- ✓ **0 – Processo Incompleto:** o processo inexistente está incompleto; portanto, não consegue alcançar seu objetivo.

- ✓ **1 – Processo Realizado:** o processo está implementado e começa a alcançar o seu objetivo.

- ✓ **2 – Processo Gerenciado:** o nível 1 do processo é realizado e agora está implementado de forma gerenciada (planejado, monitorado e ajustado), e seus produtos de atividades estão estabelecidos, controlados e mantidos apropriadamente. Contém os atributos de Gerenciamento de Performance e de Gerenciamento de Produto.

- ✓ **3 – Processo Estabelecido:** o nível 2 do processo gerenciado está implementado de acordo com um processo definido, capaz de alcançar seus resultados pretendidos. Contém os atributos de Definição de Processo e de Implementação de Processo.

- ✓ **4 – Processo Previsível:** o nível 3 do processo estabelecido está operando dentro dos limites de qualidade definidos para alcançar seus resultados de processo pretendidos. Os desvios são controlados com acompanhamento dos indicadores e das métricas de qualidade. Contém os atributos de Gerenciamento do Processo e de Controle do Processo.

- ✓ **5 – Processo em Otimização:** o nível 4 do processo previsível está sendo melhorado continuamente para alcançar as metas e necessidades de negócios atuais relevantes e as projetadas para o futuro da organização, pois as necessidades da organização podem mudar ao longo do tempo. Contém os atributos de Inovação de Processo e de Otimização de Processo.

2.4.3 – Implantação dos processos-chave de Governança de SI utilizando o COBIT 5

A implantação do modelo de Governança de Segurança da Informação será realizada por intermédio dos processos-chave presentes no modelo de Governança de Segurança da Informação e de Governança Empresarial de Tecnologia da Informação do COBIT 5. A seguir, uma matriz de alinhamento, conforme a tabela:

Tabela 2. Alinhamento dos processos de GSI com os processos do COBIT 5.

Implantação dos Modelos de Governança de Segurança da Informação	
Processos de GSI	**Processos COBIT 5**
Avaliação	MEA01 – Monitorar, Avaliar e Medir o Desempenho e Conformidade MEA02 – Monitorar, Avaliar e Medir o Sistema de Controle Interno MEA03 – Monitorar, Avaliar e Medir a Conformidade com Requisitos Externos
Direção	APO01 – Gerenciar o *Framework* de Gestão de Segurança da Informação APO02 – Gerenciar a Estratégia APO04 – Gerenciar a Inovação APO05 – Gerenciar o Portfólio APO06 – Gerenciar o Orçamento e os Custos APO08 – Gerenciar Relacionamentos APO11 – Gerenciar a Qualidade APO12 – Gerenciar os Riscos APO13 – Gerenciar a Segurança
Monitoração	MEA01 – Monitorar, Avaliar e Medir o Desempenho e Conformidade MEA02 – Monitorar, Avaliar e Medir o Sistema de Controle Interno MEA03 – Monitorar, Avaliar e Medir a Conformidade com Requisitos Externos
Comunicação	APO08 – Gerenciar as Relações
Garantia	MEA02 – Monitorar, Avaliar e Medir o Sistema de Controle Interno MEA03 – Monitorar, Avaliar e Medir a Conformidade com Requisitos Externos

Os processos do COBIT 5 apresentados na tabela anterior são suficientes para implantar os processos-chave do modelo de Governança de Segurança da Informação, incluindo a melhoria contínua desse processo. Novos itens podem ser incluídos ou retirados da tabela. Cada organização deverá analisar criticamente os resultados e verificar a evolução do seu modelo de Governança de SI.

2.4.4 – Proposta de requisitos para o modelo de Governança de Segurança da Informação

Conforme descrito no item 2.2, é fundamental entrevistar a alta direção da organização para extrair os requisitos de Segurança da Informação. De posse desses requisitos, faz-se o alinhamento com os processos-chave de SI para elaborar, gerenciar e controlar o *framework*.

O processo é simples: deve-se extrair os requisitos de Segurança da Informação identificados na entrevista realizada com a alta direção da organização e alinhá-los com os processos de Tecnologia da Informação do COBIT 5.

A tabela a seguir apresentará uma proposta dos requisitos para a existência de um modelo de Governança de Segurança da Informação e o(s) processo(s) do COBIT 5 que atende(m) ao requisito apresentado.

Nesse primeiro momento que se especifica um *framework* para os ativos de Tecnologia da Informação não é necessário utilizar todos os 37 processos do COBIT 5. A ideia é começar com o necessário e ir expandindo aos poucos, de acordo com os novos requisitos de Segurança da Informação que forem identificados e com o nível de capacidade de cada processo.

Para a aderência com os processos de SI, os nomes dos processos do COBIT 5 foram alterados.

A proposta de requisitos do modelo de Governança de Segurança da Informação que serve de exemplo para o *framework* foi extraída da entrevista com a alta direção da organização, onde foi produzido o documento **"REGISTRO DE REQUISITOS DE SEGURANÇA DA INFORMAÇÃO"**.

Tabela 3. Requisitos de Segurança da Informação e processos de Tecnologia da Informação.

Exemplo de Requisitos do Modelo de Governança de Segurança da Informação	Processos do COBIT 5 identificados
A alta direção da organização precisa ter um mecanismo para conduzir uma avaliação periódica sobre o modelo de Governança de Segurança da Informação, revisar os resultados e divulgar para todas as partes interessadas.	EDM01 – Assegurar o Estabelecimento e a Manutenção do *Framework* de Governança EDM02 – Assegurar a Entrega de Benefícios EDM03 – Assegurar a Otimização de Riscos EDM04 – Assegurar a Otimização de Recursos EDM05 – Assegurar a Transparência para as Partes Interessadas MEA01 – Monitorar, Avaliar e Medir o Desempenho e a Conformidade MEA02 – Monitorar, Avaliar e Medir o Sistema de Controle Interno MEA03 – Monitorar, Avaliar e Medir a Conformidade com Requisitos Externos

Exemplo de Requisitos do Modelo de Governança de Segurança da Informação	Processos do COBIT 5 identificados
A alta direção da organização precisa adotar e patrocinar as boas práticas de gestão para Segurança da Informação, sendo municiada com indicadores objetivos que façam considerar a gestão de Segurança da Informação um importante centro de investimentos (retorno sobre os investimentos), e não apenas um centro de despesas.	APO02 – Gerenciar a Estratégia APO05 – Gerenciar o Portfólio APO06 – Gerenciar o Orçamento e os Custos
A organização deve conduzir periodicamente uma gestão de riscos de Segurança da Informação como parte do planejamento de gerenciamento de riscos.	EDM03 – Assegurar a Otimização de Riscos APO12 – Gerenciar os Riscos
A organização precisa desenvolver e adotar documentos normativos de Segurança da Informação (políticas, normas e procedimentos) baseados na gestão de riscos.	APO13 – Gerenciar a Segurança BAI08 – Gerenciar o Conhecimento DSS05 – Gerenciar Serviços de Segurança
A organização precisa estabelecer e implementar uma estrutura de gerenciamento da Segurança da Informação para definir explicitamente os papéis e as responsabilidades do que se espera de cada funcionário, colaborador, terceiros e fornecedores.	EDM01 – Assegurar o Estabelecimento e a Manutenção do *Framework* de Governança APO07 – Gerenciar os Recursos Humanos APO08 – Gerenciar Relacionamentos
A organização precisa elaborar e desenvolver planos estratégicos e táticos e iniciar ações para prover a Segurança da Informação adequada para toda a infraestrutura de Tecnologia da Informação.	APO02 – Gerenciar a Estratégia APO13 – Gerenciar a Segurança DSS05 – Gerenciar Serviços de Segurança
A organização precisa tratar o tema Segurança da Informação como parte integral do ciclo de vida dos sistemas de informação, até mesmo os sistemas de informação adquiridos por fornecedores.	APO13 – Gerenciar a Segurança DSS05 – Gerenciar Serviços de Segurança
A organização precisa divulgar informações sobre a Segurança da Informação para educar, treinar e conscientizar todos os funcionários, colaboradores, terceiros e fornecedores.	APO13 – Gerenciar a Segurança DSS05 – Gerenciar Serviços de Segurança
A organização precisa conduzir testes periódicos e avaliar a eficiência de documentos normativos de Segurança da Informação (políticas, normas e procedimentos).	APO12 – Gerenciar os Riscos APO13 – Gerenciar a Segurança DSS05 – Gerenciar Serviços de Segurança
A organização precisa criar e executar um plano de tratamento de riscos para remediar vulnerabilidades, ameaças e deficiências que comprometam a Segurança da Informação.	EDM03 – Assegurar a Otimização de Riscos APO12 – Gerenciar os Riscos APO13 – Gerenciar a Segurança DSS05 – Gerenciar Serviços de Segurança

Exemplo de Requisitos do Modelo de Governança de Segurança da Informação	Processos do COBIT 5 identificados
A organização precisa desenvolver e colocar em prática documentos normativos de tratamento e resposta a incidente de Segurança da Informação.	DSS02 – Gerenciar Requisições de Serviço e Incidentes
A organização precisa estabelecer planos (Plano de Gerenciamento de Incidente e Plano de Continuidade de Negócios), documentos normativos e testes para prover a continuidade das operações.	DSS04 – Gerenciar a Continuidade

2.4.5 – Descrição dos processos identificados

A seguir, uma descrição detalhada dos processos utilizados pelo *framework* de Governança de Segurança da Informação.

Tabela 4. Processos de Tecnologia da Informação que sofrem impacto da Segurança da Informação.

Processos do COBIT 5 identificados	Descrição dos propósitos dos processos conforme o COBIT 5
EDM01 – Assegurar o Estabelecimento e a Manutenção do *Framework* de Governança	Proporcionar uma abordagem consistente integrada e alinhada com a abordagem de governança corporativa, para garantir que as decisões relacionadas a SI são feitas em consonância com as estratégias e os objetivos da organização, e assegurar que os processos relacionados a SI são supervisionados de forma eficaz e transparente. O cumprimento dos requisitos legais e regulamentares são requisitos de governança para os membros do conselho de administração.
EDM02 – Assegurar a Entrega de Benefícios	Otimizar a contribuição de valor para o negócio a partir dos processos de negócios, serviços de Segurança da Informação e ativos resultantes de investimentos realizados pela área de SI a custos aceitáveis. Implantar a entrega de custo eficiente de soluções e serviços e uma imagem confiável e precisa dos custos e benefícios prováveis, para que as necessidades do negócio sejam suportadas de forma eficaz e eficiente.

Processos do COBIT 5 identificados	Descrição dos propósitos dos processos conforme o COBIT 5
EDM03 – Assegurar a Otimização de Riscos	Certifica-se de que o apetite por risco da organização e a tolerância são compreendidos, articulados e comunicados, e que o risco para o valor da organização relacionada com o uso da SI é identificado e controlado. Certifica-se de que o risco da organização relacionada à SI não exceda o apetite por risco e a sua tolerância. O impacto do risco da SI para o valor da organização é identificado e gerenciado, e as potenciais falhas de conformidade são minimizados.
EDM04 – Assegurar a Otimização de Recursos	Certifica-se de que as capacidades relacionadas à SI, adequadas e suficientes (pessoas, processos e tecnologia), estão disponíveis para apoiar os objetivos da organização de forma eficaz e a um custo ideal. Assegurar que as necessidades de recursos da organização sejam atendidas da maneira ideal. Os custos de SI são otimizados e há um aumento da probabilidade de realização de benefícios e prontidão para mudanças futuras.
EDM05 – Assegurar a Transparência para as Partes Interessadas	Certifica-se de que a SI e a medição de relatórios de desempenho e conformidade são transparentes com as partes interessadas, aprovando as metas e métricas e as ações corretivas necessárias. Certifica-se de que a comunicação com as partes interessadas é eficaz, e a base para a comunicação é estabelecida para aumentar o desempenho. Identifica áreas para melhorias e confirma que as estratégias e os objetivos relacionados a TI estão alinhados com a estratégia da organização.
APO01 – Gerenciar o *Framework* de Gestão de Segurança da Informação	Esclarecer e manter a governança de SI da organização, além da missão e visão. Implementar e manter mecanismos das autoridades para gerir a informação e o uso da SI na organização em prol dos objetivos de gestão, em consonância com os princípios e as políticas de orientação. Proporcionar uma abordagem de gestão coerente para que os requisitos de governança da organização sejam cumpridos, abrangendo os processos de gestão, as estruturas organizacionais, os papéis e as responsabilidades, as atividades confiáveis e repetíveis, e as habilidades e competências.

Processos do COBIT 5 identificados	Descrição dos propósitos dos processos conforme o COBIT 5
APO02 – Gerenciar a Estratégia	Fornecer uma visão holística do negócio atual e do ambiente de SI, a direção futura e as iniciativas necessárias para migrar para o ambiente futuro desejado. Aproveitar a arquitetura empresarial de TI e seus componentes, incluindo os serviços prestados externamente e as capacidades relacionadas para permitir uma resposta ágil, eficiente e confiável aos objetivos estratégicos. Alinhar estrategicamente SI com os objetivos de negócios. Comunicar claramente os objetivos e as responsabilidades associados para que eles sejam compreendidos por todos, com as opções estratégicas de SI identificadas, estruturadas e integradas com os planos de negócios.
APO05 – Gerenciar o Portfólio	Executar o direcionamento estratégico definido para os investimentos em linha com a visão de arquitetura corporativa e as características desejadas das carteiras de investimento e serviços relacionados, e considerar as diferentes categorias de investimentos, os recursos e as restrições de financiamento. Avaliar, priorizar programas e serviços, gestão de demanda dentro das restrições de recursos e de financiamento, equilíbrio com base no seu alinhamento com os objetivos estratégicos da organização, no valor e risco. Mover programas selecionados para o portfólio de serviços ativo para execução. Monitorar o desempenho da carteira global de serviços e programas, propondo os ajustes necessários em resposta ao programa, e o desempenho do serviço ou mudança de prioridades da organização. Otimizar o desempenho da carteira global de programas em resposta ao programa e o desempenho do serviço, e mudar as prioridades e demandas da organização.
APO06 – Gerenciar o Orçamento e os Custos	Administrar as atividades financeiras relacionadas com SI em ambos os negócios e funções de SI, abrangendo orçamento, custos e gestão de benefícios e implantar um sistema justo e equitativo de alocação de custos para a organização. Consultar as partes interessadas para identificar e controlar os custos e benefícios totais no contexto dos planos estratégicos e táticos de SI e iniciar ações corretivas quando necessário. Promover parceria entre a SI e as partes interessadas para permitir o uso eficaz e eficiente dos recursos de SI relacionados e prover transparência e responsabilização do valor de soluções e serviços de custo e de negócios. Habilitar a organização a tomar decisões informadas sobre o uso de soluções e serviços de SI.

Processos do COBIT 5 identificados	Descrição dos propósitos dos processos conforme o COBIT 5
APO07 – Gerenciar os Recursos Humanos	Fornecer uma abordagem para garantir a estruturação ideal, a colocação, os direitos de decisão e as competências dos recursos humanos. Isso inclui comunicar os papéis e as responsabilidades definidos, a aprendizagem e os planos de crescimento; e as expectativas de desempenho, com o apoio de pessoas competentes e motivadas. Otimizar as capacidades dos recursos humanos de atender aos objetivos da organização.
APO08 – Gerenciar Relacionamentos	Gerenciar o relacionamento entre o negócio e a SI de uma maneira formal e transparente que garanta foco na realização de um objetivo comum, compartilhando os resultados empresariais bem-sucedidos apoiado aos objetivos estratégicos da organização, dentro da limitação de orçamentos e tolerância ao risco. Este relacionamento deve ser baseado na confiança mútua e linguagem comum, criando assim uma responsabilidade para tomada de decisões em conjunto entre as duas áreas.
APO12 – Gerenciar os Riscos	Continuamente identificar, avaliar e reduzir os riscos relacionados a TI e SI dentro dos níveis de tolerância estabelecidos pela alta direção. Integrar a gestão de risco corporativo de TI e SI com a gestão de riscos da organização equilibrando os seus custos e benefícios.
APO13 – Gerenciar a Segurança	Definir, operar e monitorar um sistema de gestão de Segurança da Informação. Mantenha o impacto e a ocorrência de incidentes de SI dentro dos níveis aceitáveis de risco da organização.
BAI08 – Gerenciar o Conhecimento	Manter a disponibilidade de conhecimento relevante, atual, validado e confiável para suportar todas as atividades do processo e facilitar a tomada de decisão. Implantar um plano para a identificação, coleta, organização, manutenção, utilização e retirada de conhecimento. Proporcionar o conhecimento necessário para suportar todos os funcionários em suas atividades de trabalho e para a tomada de decisão, alcançando uma maior produtividade.
DSS02 – Gerenciar Requisições de Serviço e Incidentes	Fornecer uma resposta rápida e eficaz às solicitações dos usuários e resolução de todos os tipos de incidentes. Restaurar o serviço normal; recordar e atender às solicitações dos usuários e aos registros dos incidentes; investigar, diagnosticar, escalar e solucionar incidentes. Alcançar maior produtividade e minimizar as interrupções através de uma rápida resolução de repostas aos incidentes de Segurança da Informação.

Processos do COBIT 5 identificados	Descrição dos propósitos dos processos conforme o COBIT 5
DSS04 – Gerenciar a Continuidade	Estabelecer e manter um plano para permitir que o negócio, a TI e a SI respondam a incidentes e interrupções, a fim de continuar a operação de processos críticos de negócios e serviços de TI e SI necessários, e manter a disponibilidade de informações em um nível aceitável. Continuar as operações críticas dos processos de negócios e manter a disponibilidade de informações em um nível aceitável para a organização, no caso de uma interrupção grave.
DSS05 – Gerenciar Serviços de Segurança	Proteger informações da organização para manter o nível de risco aceitável para a Segurança da Informação, de acordo com a política de SI. Estabelecer e manter as funções de Segurança da Informação e privilégios de acesso, e realizar o monitoramento contínuo de SI.
MEA01 – Monitorar, Avaliar e Medir o Desempenho e a Conformidade	Coletar, validar e avaliar requisitos de negócios, SI, objetivos e métricas do processo. Monitorar processos que não estão de acordo com metas e métricas de desempenho e conformidade, e fornecer informação que é sistemática e oportuna. Fornecer transparência de desempenho e conformidade.
MEA02 – Monitorar, Avaliar e Medir o Sistema de Controle Interno	Continuamente monitorar e avaliar o ambiente de controle, incluindo autoavaliação e auditorias independentes de garantia. Permitir o gerenciamento para identificar deficiências de controle e ineficiências, e iniciar ações de melhoria. Planejar, organizar e manter os padrões de avaliação de controles internos e atividades de garantia. Obter transparência para as partes interessadas sobre a adequação do sistema de controles internos e, assim, proporcionar confiança nas operações e confiança na realização dos objetivos da organização, além de uma compreensão adequada do risco residual.
MEA03 – Monitorar, Avaliar e Medir a Conformidade com Requisitos Externos	Avaliar que processos de SI e processos de negócios de SI apoiados estão em conformidade com leis, regulamentos e exigências contratuais. Obter a garantia de que os requisitos foram identificados e respeitados, e integrá-los à conformidade com o cumprimento global da organização. Certifique-se de que a organização está em conformidade com todos os requisitos externos aplicáveis.

2.4.6 – Análise de capacidade dos processos do COBIT 5

O próximo passo é definir o item de capacidade de cada processo identificado do COBIT 5.

Lembrando que o nível de capacidade é especificado conforme descrito no item 2.4.2, da seguinte forma:

- ✓ 0 – Processo Incompleto
- ✓ 1 – Processo Realizado
- ✓ 2 – Processo Gerenciado
- ✓ 3 – Processo Estabelecido
- ✓ 4 – Processo Previsível
- ✓ 5 – Processo em Otimização

Para cada processo, destacam-se o nível de capacidade e a justificativa para esse nível. Por exemplo, o processo **APO02 – Gerenciar a Estratégia** ficou, a critério de exemplo, com o nível de capacidade 0. Conforme descrito no item 2.4.2, esse nível é considerado **Incompleto**. Supostamente, durante a entrevista com a alta direção, ficou constatado que a organização tem a iniciativa de possuir um documento com as estratégias denominado de Plano Estratégico de Segurança da Informação. Entretanto, não há processos implementados, apenas abordagens eventuais que tendem a ser aplicadas isoladamente ou caso a caso. A abordagem da direção em geral não é organizada, ou seja, não existe um Planejamento Estratégico de Segurança da Informação.

O exemplo citado é muito comum na maioria das organizações onde a área de Segurança da Informação trabalha sob demanda da área de Tecnologia da Informação, ou quando acontece um incidente grave de SI, como uma invasão de um sistema por uma pessoa mal intencionada, por exemplo.

2.4.7 – Análise de conformidade dos processos do COBIT 5

Agora que já se fez a análise de capacidade dos processos, só falta realizar a análise de conformidade com os processos do COBIT 5. Cita-se como exemplo novamente o processo **APO02 – Gerenciar a Estratégia**. Este processo contém seis práticas-chave de gerenciamento:

- ✓ Entender a Direção da Organização.
- ✓ Avaliar o Ambiente Atual, a Capacidade e o Desempenho.
- ✓ Definir o Alvo da Capacidade de TI e SI.
- ✓ Realizar uma Análise de Lacunas.
- ✓ Definir o Plano Estratégico de Segurança da Informação e o seu Roteiro.
- ✓ Comunicar a Estratégia de Segurança da Informação e a sua Direção.

Para cada prática-chave do processo, conforme a tabela, deve-se responder com uma das seguintes respostas:

Tabela 5. Processo de análise de conformidade.

Controle	Respostas
Implementado	Quando o controle está implementado na organização.
Não implementado	Quando o controle não está implementado na organização.
Não se aplica	Quando o controle não é aplicável à organização.

Além dessa avaliação demonstrada na tabela anterior, devem ser descritas as recomendações para alcançar o nível de conformidade e capacidade desejado na organização, conforme descrito no item 2.4.2.

Este nível de conformidade e capacidade desejável na organização é um dos requisitos extraídos do documento de "**REGISTRO DE REQUISITOS DE SEGURANÇA DA INFORMAÇÃO**". De acordo com o início deste capítulo, esse documento servirá de subsídio para a confecção das estratégias de Segurança da Informação na organização.

Mais uma vez cita-se, por exemplo, o processo **APO02 – Gerenciar a Estratégia**, descrito na tabela a seguir:

Tabela 6. Análise de conformidade dos processos de Segurança da Informação.

Cod.	Objetivo de controle	Resposta	Recomendações
APO2.1	Entender a direção da organização.	Implementado	Convém considerar o ambiente e os processos de negócios empresariais atuais, assim como a estratégia da organização e os objetivos futuros. Considera-se também o ambiente externo da organização (governo, empresas concorrentes, fornecedores etc.).
APO2.2	Avaliar o ambiente atual, as capacidades e o desempenho.	Não implementado	Convém avaliar o desempenho do atual negócio interno, os recursos de SI, os serviços externos de SI, e desenvolver uma compreensão da arquitetura corporativa em relação à TI e à SI. Identificar problemas atualmente existentes e desenvolver recomendações em áreas que poderiam se beneficiar de melhorias. Considerar diferenciais de provedores de serviços, opções, impacto financeiro, custos e benefícios potenciais do uso de serviços externos.
APO2.3	Definir o alvo da capacidades de TI e SI.	Não implementado	Convém definir o negócio alvo, as capacidades de SI e de serviços de TI e SI. Convém basear-se na compreensão do ambiente, nas necessidades da organização, na avaliação do processo de negócio atual e de ambiente de SI, na consideração de padrões de referência, nas boas práticas e nas tecnologias emergentes validadas ou propostas de inovação.
APO2.4	Realizar uma análise de lacunas.	Não implementado	Convém identificar as diferenças entre os ambientes atuais e o desejado, e considerar o alinhamento dos ativos (as capacidades dos serviços de apoio), com resultados de negócios para otimizar o investimento e a utilização da base de ativos internos e externos. Considere os fatores críticos de sucesso para apoiar a execução da estratégia.

Cod.	Objetivo de controle	Resposta	Recomendações
APO2.5	Definir o Plano Estratégico de Segurança da Informação e o seu roteiro.	Implementado	Convém criar um plano estratégico de Segurança da Informação que defina, em cooperação com as partes interessadas, como as metas de SI relacionadas contribuirão para os objetivos estratégicos da organização. Incluir como a SI vai apoiar os programas de investimentos, processos de negócios e serviços de SI. Direcionar o plano para definir as iniciativas que serão necessárias para tratar as lacunas, a estratégia de terceirização, se houver, e as medidas a serem usadas para monitorar o cumprimento de metas; em seguida, priorizar as iniciativas e combiná-las em um roteiro de alto nível.
APO2.6	Comunicar a estratégia de Segurança da Informação e a sua direção.	Não implementado	Convém criar consciência e compreensão do negócio e objetivos de SI e direção, como capturado na estratégia de SI, através da comunicação com as partes interessadas e usuários apropriados de toda a organização.

Para o processo **APO02 – Gerenciar a Estratégia**, foram identificadas as práticas-chave de gerenciamento implementadas ou não implementadas de forma completa.

Para se obter um nível percentual, o grau de conformidade do processo foi alcançado através do número de objetivos de controles implementados dividido pelo número de objetivos de controles aplicáveis, multiplicado por 100.

Deve-se realizar essa análise para todos os processos do COBIT 5 identificados. No caso do nosso exemplo didático, somente o processo **APO02 – Gerenciar a Estratégia** está com o nível de conformidade preenchido. Os outros processos ficam a critério do leitor e de acordo com o nível de capacidade da sua organização.

A próxima tabela apresenta o nível de conformidade dos processos do modelo de Governança de Segurança da Informação:

Tabela 7. Tabela com o nível de conformidade – como exemplo, somente o processo APO02.
Lembre-se de que todos os processos devem ser verificados durante a análise
e analisados conforme a capacidade da organização.

Processos	Controles			% Conformidade
	Total	Aplicáveis	Implementados	
EDM01 – Assegurar o Estabelecimento e a Manutenção do *Framework* de Governança	3	3	0	00.00%
EDM02 – Assegurar a Entrega de Benefícios	3	3	0	00.00%
EDM03 – Assegurar a Otimização de Riscos	3	3	0	00.00%
EDM04 – Assegurar a Otimização de Recursos	3	3	0	00.00%
EDM05 – Assegurar a Transparência para as Partes Interessadas	3	3	0	00.00%
APO01 – Gerenciar o *Framework* de Gestão de Segurança da Informação	8	8	0	00.00%
APO02 – Gerenciar a Estratégia	**6**	**6**	**2**	**33,33%**
APO05 – Gerenciar o Portfólio	6	6	0	00.00%
APO06 – Gerenciar o Orçamento e os Custos	5	5	0	00.00%
APO07 – Gerenciar os Recursos Humanos	6	6	0	00.00%
APO08 – Gerenciar as Relações	5	5	0	00.00%
APO12 – Gerenciar os Riscos	6	6	0	00.00%
APO13 – Gerenciar a Segurança	3	3	0	00.00%
BAI08 – Gerenciar o Conhecimento	5	5	0	00.00%
DSS02 – Gerenciar Requisições de Serviço e Incidentes	7	7	0	00.00%
DSS04 – Gerenciar a Continuidade	8	8	0	00.00%
DSS05 – Gerenciar Serviços de Segurança	7	7	0	00.00%
MEA01 – Monitorar, Avaliar e Medir o Desempenho e a Conformidade	5	5	0	00.00%
MEA02 – Monitorar, Avaliar e Medir o Sistema de Controle Interno	8	8	0	00.00%
MEA03 – Monitorar, Avaliar e Medir a Conformidade com Requisitos Externos	4	4	0	00.00%

A melhoria contínua dos processos de Governança de Segurança da Informação deve ser medida em intervalos regulares, de no máximo doze meses, como forma de acompanhar a evolução da capacidade dos processos de SI e o seu desempenho na organização.

Essa análise é necessária para verificar se o modelo de Governança de Segurança da Informação está no caminho certo, contribuindo para os objetivos estratégicos da organização.

2.5 – Resumo executivo

- A Governança de Segurança da Informação é representada por um conjunto de estruturas e processos que visa garantir a direção, a avaliação, a monitoração e a comunicação das atividades da Segurança da Informação, a fim de suportar os objetivos estratégicos da organização, adicionando valor aos serviços entregues, balanceando os riscos, viabilizando o retorno sobre os investimentos em segurança e garantindo a continuidade do negócio.

- A ABNT NBR ISO/IEC 27014:2013 descreve os objetivos, os princípios, o resultado esperado e os processos da Governança de Segurança da Informação.

- Os princípios de SI são:

    - Estabelecer a Segurança da Informação em toda a organização.
    - Adotar uma abordagem baseada em riscos.
    - Estabelecer a direção de decisões de investimento.
    - Assegurar conformidade com os requisitos internos e externos.
    - Promover um ambiente positivo de segurança.
    - Analisar criticamente o desempenho em relação aos resultados de negócios.

- O comitê de SI é responsável pela Governança de SI. O Chefe de Segurança da Informação é o responsável pela Gestão de Segurança da Informação e o escritório de SI é o responsável pela operação, ou seja, pela implantação das ações de Segurança da Informação.

- Os processos de planejamento e execução da implantação do modelo de Governança de Segurança da Informação são:

  - Avaliação
  - Direção
  - Monitoração
  - Comunicação
  - Garantia

- Para a implantação do modelo de GSI, em conformidade com os requisitos do negócio de uma organização, foi utilizado o *framework* do COBIT 5, adaptando os processos de Tecnologia da Informação para os processos de Segurança da Informação.

- Foi demonstrado com o processo de **APO02 – Gerenciar a Estratégia**, como avaliar o nível de capacidade e conformidade de um processo. Com essa análise, é gerada uma lacuna que deve ser preenchida com a implantação dos controles recomendados para o processo analisado.

Capítulo 3
Segurança da Informação nos Processos de Negócios Críticos

Neste capítulo será descrito como será feita a priorização das ações de Segurança da Informação nos processos críticos de negócio da organização, pois é preciso identificar quais são os processos que necessitam com maior urgência da implementação da Governança de Segurança da Informação.

Em primeiro lugar, deve-se identificar na organização sua missão, sua visão e seus principais objetivos estratégicos. De posse dessas definições, começa o processo de mapeamento dos componentes organizacionais, que são as áreas (setores ou departamentos), seus processos de negócio e seus principais ativos de informação.

No final deste capítulo, há a consolidação das análises apresentadas em uma matriz com o resultado do estudo de impacto e o estudo de prioridade. Essa consolidação é feita através da seguinte fórmula: classificação do impacto X classificação da prioridade X relevância do processo.

3.1 – Mapeamento dos componentes organizacionais

Os componentes organizacionais são aqueles utilizados para sinalizar a abrangência da Segurança da Informação na organização.

Os três componentes organizacionais são: Área, Processo de Negócio e Ativo de Informação.

Esses componentes devem ser identificados e mapeados ao longo do projeto de elaboração do modelo de Governança de Segurança da Informação. Além disso, com base nessa análise, serão definidos o escopo da gestão de riscos e o diagnóstico da situação atual da SI na organização.

A metodologia para a realização desse trabalho está descrita a seguir, por meio de definição das seguintes atividades:

✓ Agendamento e realização das entrevistas gerenciais. Nesse caso, não é necessário entrevistar a alta direção da organização, e, sim, os gestores responsáveis pelos processos no dia a dia.

✓ Identificação das áreas da organização e dos processos de forma macro (não é necessário detalhar em subprocesso), descrevendo seus atributos e especificações.

✓ Estudos para identificação da sensibilidade de cada um dos processos diante da possível quebra dos princípios básicos de Segurança da Informação utilizados.

✓ Pontuações e priorização dos processos de acordo com os critérios de gravidade, urgência e tendência.

✓ Consolidação das informações para obter a relação das áreas e dos processos mais críticos para a organização.

3.2 – Mapeamento das áreas e dos processos de negócio da organização

3.2.1 – Mapeamento das áreas

Neste livro utiliza-se o termo "área" para definir um setor ou departamento da organização, como, por exemplo, área de RH (Recursos Humanos).

Para demonstrar a técnica utilizada para o mapeamento, utiliza-se, somente como exemplo, uma organização que tenha as seguintes áreas:

✓ **ÁREA COMERCIAL** – Responsável pelos seguintes processos de negócio: vendas, marketing e de publicidade.

✓ **ÁREA FINANCEIRA** – Responsável pelos seguintes processos de negócio: contabilidade, faturamento e contas a receber e a pagar.

✓ **ÁREA DE PRODUÇÃO** – Responsável pelos seguintes processos de negócio: design, engenharia, armazenamento e estocagem.

✓ **ÁREA INTERNACIONAL** – Responsável pelos seguintes processos de negócio: passagens, viagens, hospedagem, exportação e despacho aduaneiro de mercadorias.

✓ **ÁREA JURÍDICA** – Responsável pelos seguintes processos de negócio: leis e regulamentos, contratos e licitações.

Depois de identificadas as áreas da organização, deve-se identificar o responsável por cada uma delas e a sua relevância para os seus objetivos estratégicos.

Essa análise deve ser realizada por quem conhece todos os processos de negócio da empresa de forma independente. Porque, é óbvio, entrevistando os responsáveis por cada área, eles irão colocar a área sob sua responsabilidade como a de maior relevância na organização.

Para a relevância da área, foram utilizadas as escalas mostradas na tabela a seguir.

Tabela 8. Relevância da área da organização.

Relevância da área	Valor	Auxílio para interpretação
Muito baixa	1	A interrupção das operações da área causa impactos irrelevantes para a organização.
Baixa	2	A interrupção das operações da área causa impactos apenas consideráveis para a organização.
Média	3	A interrupção das operações da área causa impactos parcialmente significativos para a organização.
Alta	4	A interrupção das operações da área causa impactos muito significativos para a organização.
Muito alta	5	A interrupção das operações da área causa impactos incalculáveis, podendo comprometer a continuidade da organização.

Segue, como exemplo, a análise realizada:

Tabela 9. Análise de relevância das áreas da organização.

Nome da área	Responsável	Relevância
ÁREA COMERCIAL	Diretor Carlos	Muito alta
ÁREA FINANCEIRA	Diretor Marcus	Muito alta
ÁREA DE PRODUÇÃO	Diretor Eduardo	Muito alta
ÁREA INTERNACIONAL	Diretor Pedro	Média
ÁREA JURÍDICA	Diretor Jarbas	Muito baixa

3.2.2 – Mapeamento dos processos de negócio

Neste item serão apresentados, para cada processo de negócio, a identificação da área pertencente, o seu responsável e sua relevância para a organização, bem como os resultados dos estudos de impacto e prioridade dos processos.

3.2.2.1 – Relevância dos processos de negócio

Para a relevância dos processos, foram consideradas as seguintes escalas:

Tabela 10. Escala de relevância do processo da área da organização.

Relevância do processo	Valor	Auxílio para interpretação
Muito baixa	1	A interrupção do processo causa impactos irrelevantes para a organização.
Baixa	2	A interrupção do processo causa impactos apenas consideráveis para a organização.
Média	3	A interrupção do processo causa impactos parcialmente significativos para a organização.
Alta	4	A interrupção do processo causa impactos muito significativos para a organização.
Muito alta	5	A interrupção do processo causa impactos incalculáveis, podendo comprometer a continuidade da organização.

Tabela 11. Análise da escala de relevância do processo da área da organização.

Nome do processo	Área	Responsável	Relevância
VENDAS	Comercial	Diretor Carlos	Muito alta
FATURAMENTO	Financeira	Diretor Marcus	Muito alta
ENGENHARIA	Produção	Diretor Eduardo	Muito alta
EXPORTAÇÃO	Internacional	Diretor Pedro	Média
CONTRATOS	Jurídica	Diretor Jarbas	Muito baixa

3.2.2.2 – Estudos de impacto

Esta é uma ferramenta que ajuda a apontar a sensibilidade de cada processo diante da possível quebra dos princípios básicos de Segurança da Informação.

A definição dessa atividade final é composta pela análise do impacto nos princípios básicos de SI. Foram utilizados os seguintes critérios para alcançar o grau de impacto e prioridade: confidencialidade, integridade e disponibilidade.

Numa próxima análise de impacto, poderão ser utilizados outros critérios, como, por exemplo, autenticidade e legalidade, conforme descritos na introdução deste livro. Nesse momento, para facilitar o entendimento dessa atividade, utilizam-se apenas três princípios básicos.

O estudo acontece utilizando a escala a seguir:

Tabela 12. Escala de estudo de impacto.

Classificação do impacto	Valor	Auxílio para interpretação
Muito baixo	1	A quebra do critério do processo pode provocar impactos praticamente irrelevantes.
Baixo	2	A quebra do critério do processo pode provocar impactos apenas consideráveis.
Médio	3	A quebra do critério do processo pode provocar impactos parcialmente significativos.
Alto	4	A quebra do critério do processo pode provocar impactos muito significativos.
Muito alto	5	A quebra do critério do processo pode provocar impactos incalculáveis na recuperação e na continuidade.

Tabela 13. Análise do de estudo de impacto.

Nome do processo	Classificação do impacto		
	Confidencialidade	Integridade	Disponibilidade
VENDAS	Muito alto	Muito alto	Muito alto
FATURAMENTO	Muito alto	Muito alto	Muito alto
ENGENHARIA	Muito alto	Muito alto	Muito alto
EXPORTAÇÃO	Médio	Médio	Médio
CONTRATOS	Muito baixo	Muito baixo	Muito baixo

3.2.2.3 – Estudos de prioridade

Segundo Marcos Sêmola, autor do livro "Gestão da Segurança da Informação: uma visão executiva", o estudo de prioridade "é uma ferramenta que ajuda a apontar a prioridade de cada processo de negócio para a organização, aplicando-se entre eles a matriz GUT: Gravidade, Urgência e Tendência".

A definição da prioridade final é composta pela análise e pelo produto das três dimensões do GUT, seguindo este modelo de condução dos questionamentos:

✓ **Gravidade:** seria muito grave para o processo de negócio em análise se algum evento atingisse qualquer um dos critérios, provocando a quebra da Segurança da Informação?

✓ **Urgência:** havendo a quebra da Segurança da Informação, qual seria a urgência em solucionar os efeitos do ocorrido e em reduzir os riscos no processo em análise?

✓ **Tendência:** qual seria a tendência dos riscos de Segurança da Informação caso nenhuma atividade corretiva ou preventiva fosse aplicada?

O estudo acontece utilizando a escala a seguir:

Tabela 14. Escala da matriz de GUT.

Classificação da prioridade					
	Gravidade		Urgência		Tendência
1	Sem gravidade	1	Sem pressa	1	Não vai agravar
2	Baixa gravidade	2	Tolerante à espera	2	Vai agravar em longo prazo
3	Média gravidade	3	O mais cedo possível	3	Vai agravar em médio prazo
4	Alta gravidade	4	Com alguma urgência	4	Vai agravar em curto prazo
5	Altíssima gravidade	5	Imediatamente	5	Vai agravar imediatamente

Tabela 15. Análise realizada da matriz de GUT.

Nome do processo	Classificação da prioridade		
	Gravidade	Urgência	Tendência
VENDAS	Altíssima gravidade	Imediatamente	Vai agravar imediatamente
FATURAMENTO	Altíssima gravidade	Imediatamente	Vai agravar imediatamente
ENGENHARIA	Altíssima gravidade	Imediatamente	Vai agravar imediatamente
EXPORTAÇÃO	Média gravidade	O mais cedo possível	Vai agravar em médio prazo
CONTRATOS	Sem gravidade	Sem pressa	Não vai agravar

Segurança da Informação nos Processos de Negócios Críticos 55

3.2.3 – Consolidação dos resultados

Com a consolidação dos dados coletados, obteve-se uma visão geral dos estudos de impacto e prioridade, que tem como objetivo apresentar as áreas e os processos mais críticos, ou seja, os que requerem maior atenção quanto às questões de Segurança da Informação.

A fórmula a seguir calcula a pontuação final da criticidade:

> Classificação do Impacto = Confidencialidade X Integridade X Disponibilidade/3
> Classificação de Prioridade = Gravidade X Urgência X Tendência/3
> **Criticidade** = Classificação do Impacto X Classificação de Prioridade X Relevância do Processo

A tabela a seguir representa a escala da consolidação dos resultados:

Tabela 16. Tabela com a escala de nível de criticidade.

Cor	Nível	Pontuação
Verde	Baixo	0 até 2801
Amarelo	Médio	2802 até 5602
Vermelho	Alto	5603 até 8405

A próxima tabela apresenta as áreas e processos de maior criticidade para o de menor criticidade da organização analisada.

Tabela 17. Consolidação dos resultados do estudo de impacto e prioridade.

Mapeamento Área/Processo			Classificação do impacto			Classificação da prioridade			Relevância	Criticidade
Área	Processo	Rel. Processo	Confidencialidade	Integridade	Disponibilidade	Gravidade	Urgência	Tendência		
Comercial	Vendas	Muito alta	Muito alto	Muito alto	Muito alto	Altíssima gravidade	Imediatamente	Vai agravar imediatamente	Muito alto	Alto (8405)
Financeira	Faturamento	Muito alta	Muito alto	Muito alto	Muito alto	Altíssima gravidade	Imediatamente	Vai agravar imediatamente	Muito alto	Alto (8405)
Produção	Engenharia	Muito alta	Muito alto	Muito alto	Muito alto	Altíssima gravidade	Imediatamente	Vai agravar imediatamente	Muito alto	Alto (8405)
Internacional	Exportação	Média	Muito alto	Muito alto	Muito alto	Altíssima gravidade	Imediatamente	Vai agravar a médio prazo	Médio	Médio (3075)
Jurídica	Contratos	Muito baixa	Muito baixo	Muito baixo	Muito baixo	Sem gravidade	Sem pressa	Não vai agravar	Baixo	Baixo (1)

As conclusões dessa análise devem ser alcançadas através das informações obtidas nas entrevistas gerenciais, onde foi constatada a pontuação final da criticidade das áreas e de cada processo de negócio macro da organização.

Com esse resultado, é possível garantir que futuros investimentos em Tecnologia da Informação e Segurança da Informação sejam direcionados de forma justificada e de acordo com as necessidades da organização. A SI ajudará também na priorização das ações do Plano Estratégico de Segurança da Informação, presente nos próximos capítulos.

Partindo da premissa deste livro, de que as ações de Segurança da Informação devem ter o foco nos objetivos estratégicos da organização e nas informações que o sustenta, é imprescindível elencar os processos de negócios mais sensíveis e críticos para a estratégia.

Por último, é necessário que essas análises sejam realizadas em intervalos regulares ou sempre que houver mudanças nos processos de negócio da organização.

3.3 – Resumo executivo

- ✓ Descrição de todas as atividades e da metodologia necessária para mapear os processos de negócio e a identificação das áreas que necessitam com maior urgência da implantação da Governança de Segurança da Informação.

- ✓ A matriz de GUT é uma ferramenta de gestão desenvolvida na disciplina de administração. Ela é utilizada na priorização das estratégias de negócio, na tomada de decisão e na solução de problemas de projetos nas organizações.

- ✓ Para priorizar as ações de implantação da Governança de Segurança da Informação, demonstra-se, com o resultado de um exemplo prático, a importância e a aplicabilidade da utilização da matriz de GUT (Gravidade, Urgência e Tendência).

Capítulo 4

Modelo de Gestão de Segurança da Informação

4.1 – A gestão de Segurança da Informação

Neste livro conceitua-se o que é Governança Corporativa e explica-se como a Governança de Segurança da Informação alinhada ao negócio é capaz de suportar os objetivos estratégicos de uma organização, contribuindo para o sucesso do negócio. Mas como transformar todas essas diretrizes estratégicas em ações táticas capazes de serem executadas pelo Chefe de Segurança da Informação?

A gestão da Segurança da Informação tem por objetivo o planejamento, a execução e a monitoração das atividades de SI, e a aplicação de processos de melhoria contínua. Sem isso, a GSI ficaria somente no mundo das ideias e não traria nenhum resultado positivo e significativo para a organização.

No livro "Praticando a Segurança da Informação", de Edison Fontes, vê-se mais uma definição simples e fácil de entender, completa e profunda sobre governança. Ele diz: "governança é a gestão da gestão". Dessa forma pode-se garantir que a gestão de Segurança da Informação exista na organização e seja eficiente e eficaz com a melhoria contínua de seus processos ao longo do tempo.

Então, a gestão é o básico numa organização. Existem muitas organizações em todo o mundo que não têm nem essa gestão básica e insistem em falar de Governança de Segurança da Informação, cometendo um erro primário. Quando forem tratar de GSI, é preciso entender a função de Segurança da Informação e, preferencialmente, ter experiência prática no assunto.

Atuar no nível da gestão é buscar meios para implementar a estratégica definida pela Governança de SI. Enquanto no nível estratégico se planeja, no nível tático tomam-se decisões reais a respeito de mecanismos, abordagens e ações de Segurança da Informação que nos permitam atingir os objetivos estratégicos.

A gestão é responsável por prover serviços e enviar os resultados das ações para a Governança de SI. Além disso, a gestão deve implementar as estratégias e políticas determinadas pela governança e alertar para possíveis riscos na direção tomada pelo corpo governante, o comitê de SI e seus assessores.

Como já descrito anteriormente, o CISO (Chefe de Segurança da Informação) é o responsável pela gestão. Ele faz o alinhamento da gestão com a governança da organização.

É preciso planejar, fazer (implantar), checar e agir. Muitas vezes as organizações somente planejam e implementam, mas executam o plano sem parar. Para um ciclo de melhoria contínua, é preciso identificar os erros ou desvios e corrigi-los; voltando, assim, para o início, o planejamento.

4.2 – Metodologia para a gestão de Segurança da Informação

No dia 13 de junho de 2008, a Presidência da República do Brasil, no âmbito do Gabinete de Segurança Institucional, publicou a Instrução Normativa GSI/PR nº 1, com o objetivo de disciplinar a Gestão de Segurança da Informação e as Comunicações na Administração Pública Federal, direta e indireta, entre outros. Esse órgão, por intermédio do DSIC (Departamento de Segurança da Informação e Comunicações), publicou uma série de Normas Complementares para normatizar e direcionar os assuntos sobre Segurança da Informação e comunicações no governo brasileiro.

Uma dessas normas é a Norma Complementar 02/IN01/DSIC/GSIPR – Metodologia de Gestão de Segurança da Informação e Comunicações –, que tem como objetivo definir a metodologia de gestão de SI e comunicações utilizada pelos órgãos e entidades da Administração Pública Federal, direta e indireta.

Por ser uma norma que deverá ser adotada pelas organizações da administração pública e também ser aplicável em qualquer tipo de organização, é utilizada como base para a gestão de Segurança da Informação.

A escolha dessa metodologia de gestão também levou em consideração alguns critérios:

- ✓ O modelo de implantação é muito simples.
- ✓ É de fácil adaptação com as práticas de gestão de qualidade.

A metodologia de gestão de Segurança da Informação baseia-se no processo de melhoria contínua, denominado ciclo "PDCA" (*Plan – Do – Check – Act*), conforme estabelecido pela norma brasileira ABNT NBR ISO/IEC 27001:2006.

Evolução do ciclo do PDCA para o PDCL

O ciclo do PDCA foi criado por volta da década de 1920, por Walter Andrew Shewhart, conhecido como o inventor do controle estatístico da gestão de qualidade. Mas foi William Edward Deming que ficou conhecido pela melhoria contínua dos processos produtivos nos Estados Unidos. Durante a Segunda Guerra Mundial, Deming também ficou conhecido pelo seu trabalho com altos executivos no Japão, de onde disseminou para o mundo a utilização do PDCA. Por esse motivo, a partir da década de 1950, o ciclo PDCA passou a ser conhecido como **Ciclo de Deming**.

Durante muitos anos, essa metodologia foi a referência para os sistemas de gestão em todo o mundo. Nesse meio tempo foi possível estudar, aprender, colocar em prática o funcionamento e aplicar as melhorias utilizando o ciclo PDCA no modelo de gestão de Segurança da Informação. Com a evolução do mercado, o maior aprendizado dos profissionais de SI, dos clientes e dos fornecedores, esse ciclo de gestão teve uma evolução natural para o modelo de gestão de *Plan – Do – Check – Learn*, onde o A, de *Act* (agir), é substituído por L, de *Learn* (aprender).

Uma atividade relevante em qualquer processo é a aprendizagem. Não basta que se tenham todas as informações necessárias disponíveis, deve-se saber o que fazer com essas informações. Desde o início do ciclo do PDCL no planejamento, onde o conhecimento é colocado como forma de determinar as diretrizes a serem seguidas, passando pela execução e pela verificação ou auditoria, e especialmente chegando até a aprendizagem, sempre deve haver estudos, não somente do profissional de Segurança da Informação, mas de toda a organização. A aprendizagem do ciclo tem como base a experiência adquirida na fase anterior. Cada um dos pontos do ciclo é direcionado ao próximo passo ou etapa seguinte. Sem aprender não há como planejar, sem planejar não há como executar, sem executar não há como verificar e auditar, e sem verificar e auditar não há o que aprender, demonstrando que se tudo é muito bem aprendido, planejado, executado e verificado ou auditado, pode-se conseguir a melhoria contínua do SGSI – Sistema de Gestão de Segurança da Informação – visando obter maior vantagem competitiva sobre os concorrentes.

Nessa nova metodologia, para fechar e iniciar um novo ciclo do PDCL deve-se estar atento ao aprendizado obtido em todas as suas fases. Cada fase gera um resultado que deve ser aprendido, gerando conhecimento. Os pontos mais relevantes darão oportunidades de compreender realmente o que pode ser melhorado, evoluindo em todos os aspectos. Desse modo, é possível estabelecer o processo de melhoria contínua com foco no aprendizado e na disseminação de conhecimento.

O ciclo da metodologia de gestão de Segurança da Informação será adaptado para ser utilizado o "A", de *act*, e o "L", de *learn*, em conjunto – assim, os benefícios de cada um são usufruídos de forma harmonizada.

4.2.1 – Ciclo da metodologia de gestão de Segurança da Informação

4.2.1.1 – *Plan* – P (Planejar)

É a fase inicial do ciclo de melhoria PDCA, na qual o CISO irá planejar as ações de SI, considerando os requisitos de segurança ou as suposições estabelecidas pelo Planejamento Estratégico de SI, bem como suas diretrizes estratégicas.

Para planejar essa ação, é necessário executar as seguintes atividades:

- Planejar conforme estabelecido no Plano Estratégico de SI. No próximo capítulo será descrito como elaborar esse plano.

- Definir os objetivos a serem alcançados com a implantação das ações de SI, considerando os princípios e diretrizes formulados pela Governança de Segurança da Informação.

- Utilizar a ABNT NBR ISO/IEC 27005:2011 para definir uma metodologia de gestão de riscos de Segurança da Informação que seja adequada ao escopo e aos objetivos de SI estabelecidos.

- Selecionar as ações de SI consideradas necessárias para o tratamento de riscos (alguns exemplos de ações de Segurança da Informação estão presentes em forma de controles de SI na ABNT NBR ISO/IEC 27002:2013).

- Obter aprovação do Comitê de SI quanto aos riscos residuais.

- Obter autorização do comitê de Segurança da Informação para implantar as ações de SI, mediante relatório formal, encaminhado para o comitê de SI, incluindo:

  - os objetivos e os recursos humanos e financeiros necessários para cada ação de SI e as razões para a escolha de sua seleção;

  - os objetivos e a justificativa de cada ação de SI que já foi implementada;

  - um resumo das decisões relativas à gestão de riscos;

  - justificativas de possíveis exclusões de ações de SI sugeridas pelo Chefe de Segurança da Informação e não autorizadas pelo comitê de SI; e

  - definir como medir a eficácia e a eficiência das ações de Segurança da Informação, estabelecendo indicadores mensuráveis para as metas aprovadas. Para cada ação deve ser estipulado um indicador para mediar essa ação, conforme descrito na ABNT NBR ISO/IEC 27004:2010 – Gestão da Segurança da Informação – Medição.

4.2.1.2 – *Do* – D (Fazer)

É a fase do ciclo na qual o Chefe de Segurança da Informação irá implantar as ações definidas no Plano Estratégico de Segurança da Informação.

Para fazer essa ação, é necessário executar as seguintes atividades:

- ✓ Formular um plano de metas para cada ação de SI aprovada na fase do planejamento, em ordem de prioridade, incluindo a atribuição de responsabilidades, os prazos para execução de cada ação e os custos estimados. Todos esses requisitos fazem parte do Plano Estratégico de Segurança da Informação.

- ✓ Obter autorização do comitê de Segurança da Informação para implementar o plano tático de SI com a garantia de alocação dos recursos financeiros e humanos planejados.

- ✓ Implantar o plano tático para atender às ações aprovadas, conforme orientação do comitê de SI.

- ✓ Implantar programas de educação, conscientização e treinamento (Plano de Divulgação de Segurança da Informação), sendo necessário:

    - ➤ assegurar que todo o pessoal com responsabilidades atribuídas de Segurança da Informação receba o treinamento adequado para desempenhar suas tarefas;

    - ➤ manter um banco de currículos de registros sobre habilidades, experiências e qualificações do efetivo da organização relativos à Segurança da Informação. Caso seja necessário, esse banco de currículos pode ser utilizado em novos projetos; e

    - ➤ assegurar, no Plano de Divulgação da Segurança da Informação, que todo efetivo da organização esteja consciente da relevância e importância da segurança em suas atividades, e como cada pessoa pode contribuir para o alcance dos objetivos das ações de SI.

- ✓ Implantar um escritório de Segurança da Informação para gerenciar a execução das ações.

- ✓ Esse mesmo escritório de Segurança da Informação deve gerenciar os recursos financeiros e humanos empenhados para o desenvolvimento das ações de SI.

- ✓ Implantar a gestão de incidentes de segurança para permitir a pronta detecção de incidentes de SI, bem como a resposta e o tratamento a esses incidentes.

- ✓ Implantar a gestão de continuidade de negócios para os processos de SI, a fim de tratar os incidentes graves com ações, para impedir a interrupção dos processos críticos de proteção das informações da organização.

- ✓ Implantar outras ações de SI dependendo das orientações do CISO.

4.2.1.3 – *Check* – C (Checar)

É a fase do ciclo na qual o Chefe de Segurança da Informação avaliará a eficácia e a eficiência das ações de SI implementadas na fase anterior.

Para checar essa ação, é necessário executar as seguintes atividades:

- ✓ Executar procedimentos de avaliação e análise crítica, a fim de:
  - ➤ detectar erros nos resultados de processamento e nos controles de SI;
  - ➤ identificar incidentes de SI e verificar como foi o seu tratamento;
  - ➤ determinar se as ações de SI delegadas a pessoas ou implementadas por meio de Tecnologia da Informação estão sendo executadas conforme o plano tático de Segurança da Informação; e
  - ➤ determinar a eficiência e a eficácia das ações de SI adotadas, mediante o uso de indicadores já estabelecidos no Plano Estratégico de Segurança da Informação, conforme descrito na ABNT NBR ISO/IEC 27004:2010.

- ✓ Realizar análises críticas em período regulares (a intervalos planejados de pelo menos uma vez por ano) e apresentar essa análise para o Comitê de SI.

- ✓ Verificar se os requisitos de Segurança da Informação ou pressupostos estabelecidos pelo Plano Estratégico de Segurança da Informação, bem como as diretrizes estratégicas de SI, foram atendidos.

- ✓ Realizar a melhoria contínua da gestão de riscos a intervalos planejados e periódicos de pelo menos uma vez por ano.

- ✓ Conduzir auditoria interna de Segurança da Informação das ações de SI a intervalos planejados e periódicos de pelo menos uma vez ao ano, conforme o planejamento anual de auditoria da organização.

- ✓ Atualizar o Plano Estratégico de Segurança da Informação, considerando os resultados da avaliação e análise de crítica. Essa análise é realizada pelo comitê de SI.

- ✓ Registrar e levar ao conhecimento da alta direção os possíveis impactos positivos na eficácia e eficiência da missão da organização, demonstrando como a Segurança da Informação está contribuindo para os objetivos estratégicos da organização.

4.2.1.4 – Act – A – Agir e Learn – L – Aprender

É a fase do ciclo na qual o Chefe de Segurança da Informação aperfeiçoará as ações de SI, baseando-se no monitoramento e no controle realizado na fase anterior. Além disso, conforme adaptado do ciclo do PDCL, a fase de aprender será implantada nesta fase do ciclo, com a disseminação do conhecimento adquirido em todas as atividades da metodologia de gestão.

Para aperfeiçoar e promover a melhoria contínua e disseminar o aprendizado por todo o ciclo é necessário executar as seguintes atividades:

- ✓ Divulgar e comunicar as melhorias e as lições aprendidas ao comitê de SI.

- ✓ Propor ao comitê de SI a necessidade de implementar as melhorias identificadas e as lições aprendidas durante o ciclo.

- ✓ Após a entrega do relatório de auditoria de Segurança da Informação, realizado na fase anterior, deve-se executar as ações corretivas ou preventivas de acordo com a identificação de não conformidade real ou potencial.

- ✓ Assegurar-se de que as melhorias implementadas atinjam os objetivos pretendidos.

- ✓ Realizar eventos de divulgação do aprendizado adquirido em todas as fases para todas as partes interessadas.

4.3 – Diagnóstico sobre a gestão de Segurança da Informação na organização

A elaboração de um diagnóstico de Segurança da Informação permite à organização analisar com eficiência o estado atual do ambiente como um todo, determinando o grau de proteção das informações, e, além disso, verificar as principais ameaças e vulnerabilidades às quais os ativos de informação estão expostos. Sendo assim, é possível direcionar os projetos emergenciais de SI para mitigar os principais riscos, orientando as atividades para os processos de negócio mais críticos e relevantes da organização.

Outro objetivo desse diagnóstico de segurança é identificar ações necessárias para assegurar que os objetivos da organização serão apoiados pela Segurança da Informação e que eventos indesejáveis serão prevenidos, detectados e corrigidos.

Sabe-se que é necessário identificar os principais riscos de Segurança da Informação, mas por onde começar?

4.3.1 – Metodologia de diagnóstico

A primeira análise de Segurança da Informação é quanto aos processos de SI que existem na organização. Para realizar essa análise, recomenda-se utilizar as seções da nova versão da ABNT NBR ISO/IEC 27002:2013.

Essa norma contém quatorze seções:

- ✓ Seção A5 Política de Segurança da Informação
- ✓ Seção A6 Organizando a Segurança da Informação

- ✓ Seção A7 Segurança em Recursos Humanos
- ✓ Seção A8 Gestão de Ativos
- ✓ Seção A9 Controle de Acessos
- ✓ Seção A10 Criptografia
- ✓ Seção A11 Segurança Física e do Ambiente
- ✓ Seção A12 Segurança de Operações
- ✓ Seção A13 Segurança das Comunicações
- ✓ Seção A14 Aquisição, Desenvolvimento e Manutenção de Sistemas de Informação
- ✓ Seção A15 Relacionamento com Fornecedores
- ✓ Seção A16 Gestão de Incidentes de Segurança da Informação
- ✓ Seção A17 Aspectos da Segurança da Informação para a Gestão de Continuidade de Negócios
- ✓ Seção A18 Conformidade

Esse processo deve ser realizado a partir de análises de documentos e entrevistas individuais com os responsáveis pelos processos da organização, com o objetivo de identificar as práticas de Segurança da Informação adotadas.

4.3.1.1 – Análise de capacidade dos processos da gestão de SI

Conforme já explicado durante o modelo de *framework* de Governança de Segurança da Informação, no item 2.4.2, a análise de capacidade dos processos de gestão de SI é fundamental para avaliar o nível atual da organização e definir aonde se quer chegar. Mais uma vez utiliza-se o modelo de capacidade de processos do COBIT 5. São eles: 0 – Processo Incompleto; 1 – Processo Realizado; 2 – Processo Gerenciado; 3 – Processo Estabelecido; 4 – Processo Previsível e 5 – Processo em Otimização. Segue um exemplo dessa análise na próxima tabela.

Tabela 18. Análise de capacidade dos processos de gestão de Segurança da Informação.

Cod.	Processo	Nível de capacidade						Conclusões
		Incompleto	Realizado	Gerenciado	Estabelecido	Previsível	Em otimização	
05	Política de Segurança da Informação	X						Processo é executado de forma incompleta, sem nenhuma coordenação. A organização reconhece a necessidade de uma política de Segurança da Informação. Contudo, não existem normas e diretrizes de SI publicadas para todos os funcionários.
11	Segurança Física e do Ambiente	X						Processo está incompleto. A questão de segurança física e do meio ambiente é tratada de forma precária, com controles ineficientes implantados. Não existem sistemas de controle de acesso que garantam a evidência da localização dos recursos humanos, incluindo visitantes, fornecedores e terceiros, às áreas da organização. Na maioria das salas de trabalho e das salas de armazenamento de equipamentos físicos não estão aplicadas e projetadas proteção física contra incêndios, enchentes, terremotos, explosões, perturbações da ordem pública e outras formas de desastres naturais ou causados pelo homem.

No exemplo, o nível de capacidade de dois processos de gestão de segurança, a política de SI e o processo de organizar a Segurança da Informação, foi avaliado com o nível de capacidade incompleto, pois, no exemplo, a organização reconhece a necessidade dos dois processos. Eles existem, mas são executados de forma desorganizada.

Lembre-se de que, para uma análise completa da capacidade dos processos de gestão de SI, é necessário avaliar os quatorze processos da ABNT NBR ISO/IEC 27002:2013.

Além disso, é recomendável colocar uma coluna com as conclusões que foram elucidadas para se chegar ao nível de capacidade identificado.

4.3.1.2 – Análise de conformidade dos processos da gestão de SI

Nessa análise de conformidade dos processos de Segurança da Informação são apresentados os controles de cada processo identificado. Para cada controle, foram informadas uma das seguintes respostas: "Implementado" (quando o controle está implementado na organização), "Não implementado" (quando o controle não está implementado na organização) e "Não se aplica" (quando o controle não é aplicável à organização), além das recomendações necessárias.

Na próxima tabela, segue um exemplo dessa análise, utilizando os processos de Política de Segurança da Informação e Segurança Física e do Ambiente:

Tabela 19. Análise de conformidade do processo Política de Segurança da Informação.

5.1 Documento da Política de Segurança da Informação			
Cod.	Controle	Resposta	Recomendações
5.1.1	Documento da política de segurança da informação	Implementado	Existe apenas um documento incompleto que foi instituído como a Política de Segurança da Informação da organização. Convém que sejam estabelecidos normas e procedimentos com foco em segurança da informação, alinhados às diretrizes estratégicas da organização.
5.1.2	Análise crítica da política de segurança da informação	Não implementado	Convém que as normas e os procedimentos relacionados à Segurança da Informação sejam revisados em intervalos regulares.

Tabela 20. Análise de conformidade do processo Segurança Física e do Ambiente.

11.1 Áreas seguras			
Cod.	Controle	Resposta	Recomendações
11.1.1	Perímetro de segurança física	Implementado	Convém que sejam utilizados perímetros de segurança (barreiras como paredes, portões de entrada controlados por cartão ou balcões de recepção) para proteger as áreas que contenham informações e instalações de processamento da informação.

Cod.	Controle	Resposta	Recomendações
11.1.2	Controles de entrada física	Implementado	Convém que as áreas seguras sejam protegidas por controles apropriados de entrada para assegurar que somente pessoas autorizadas tenham acesso.
11.1.3	Segurança em escritórios, salas e instalações	Não implementado	Convém que seja projetada e aplicada segurança física para escritórios, salas e instalações.
11.1.4	Proteção contra ameaças externas e do meio-ambiente	Não implementado	Convém que sejam projetadas e aplicadas proteções físicas contra incêndios, enchentes, terremotos, explosões, perturbações da ordem pública e outras formas de desastres naturais ou causados pelo homem.
11.1.5	Trabalhando em áreas seguras	Não implementado	Convém que seja projetada e aplicada proteção física, além de diretrizes para o trabalho em áreas seguras.
11.1.6	Áreas de entrega e de carregamento	Não implementado	Convém que os pontos de acesso, tais como áreas de entrega e de carregamento e outros pontos em que pessoas não autorizadas possam entrar nas instalações, sejam controlados e, se possível, isolados das instalações de processamento da informação, para evitar o acesso não autorizado.

11.2 Segurança dos equipamentos

Cod.	Controle	Resposta	Recomendações
11.2.1	Escolha do local e proteção do equipamento	Não implementado	Convém que os equipamentos sejam colocados no local ou protegidos para reduzir os riscos de ameaças e perigos do meio ambiente, bem como as oportunidades de acesso não autorizado.
11.2.2	Utilidades	Implementado	Convém realizar monitoramento de voltagem e amperagem em todos os equipamentos críticos da organização.
11.2.3	Segurança do cabeamento	Não implementado	Convém que o cabeamento de energia e de telecomunicações que transporta dados ou dá suporte aos serviços de informações seja protegido contra interceptação ou danos.

11.2.4	Manutenção dos equipamentos	Não implementado	Convém que os equipamentos tenham uma manutenção correta para assegurar sua disponibilidade e integridade permanentes.
11.2.5	Remoção de ativos	Não implementado	Convém que equipamentos, informações ou software não sejam retirados do local sem autorização prévia.
11.2.6	Segurança de equipamentos e ativos fora das dependências da organização	Não implementado	Convém que sejam tomadas medidas de segurança para equipamentos e ativos que operem fora do local, levando em conta os diferentes riscos decorrentes do fato de se trabalhar fora das dependências da organização (exemplo: uso de *notebooks*).
11.2.7	Reutilização e alienação segura de equipamentos	Não implementado	Convém que todos os equipamentos que contenham mídias de armazenamento de dados sejam examinados antes do descarte, para assegurar que todos os dados sensíveis e softwares licenciados tenham sido removidos com segurança.
11.2.8	Equipamento de usuário sem monitoração	Não implementado	Convém que os usuários assegurem que os equipamentos não monitorados tenham proteção adequada.
11.2.9	Política de mesa limpa e tela limpa	Não implementado	Convém que seja adotada uma política de mesa limpa de papéis e mídias de armazenamento removível e política de tela limpa para os recursos de processamento da informação.

Resultado da análise de conformidade

No exemplo, para ilustrar a metodologia de análise de conformidade, foram utilizados os controles dos processos 05 – Política de Segurança da Informação e 11 – Segurança Física e do Ambiente da ABNT NBR ISO/IEC 27002:2013. Lembre-se de que, para uma análise completa da conformidade dos processos de gestão de Segurança da Informação, é necessário avaliar os quatorze processos da ABNT NBR ISO/IEC 27002:2013.

A conformidade de cada processo foi obtida utilizando a seguinte fórmula: divide-se o número de controles implementados pelo total de controles aplicáveis e multiplica-se por 100.

A tabela a seguir apresenta o nível de conformidade dos processos:

Tabela 21. Resultado da análise de conformidade.

Processos	Controles			% conformidade
	Total	Aplicáveis	Implementados	
05 – Política de Segurança da Informação	2	2	1	50.00%
11 – Segurança Física e do Ambiente	15	15	3	20.0%
Total geral				35.00%

4.3.2 – Gestão de riscos e teste de invasão

Após o diagnóstico sobre os processos de SI, é hora de verificar quais riscos a organização está suscetível a sofrer e verificar quais controles de Segurança da Informação estão implementados, avaliando sua eficiência e eficácia.

4.3.2.1 – Gestão de riscos de Segurança da Informação

A gestão de riscos consiste em um processo de identificação e avaliação dos fatores de risco presentes no ambiente organizacional de forma a antecipar possíveis incidentes de Segurança da Informação, permitindo uma visão do impacto negativo causado às estratégias da organização e fornecendo conhecimento para que controles eficazes de SI sejam implementados.

Para minimizar o risco, a execução de uma gestão de risco é vital para apoiar na priorização das ações.

Em se tratando de Segurança da Informação, avalia-se sempre o impacto negativo no negócio, ou seja, perda financeira ou prejuízo na imagem da organização, perda de vidas etc. Em se tratando de gestão de riscos, existem outras metodologias, como, por exemplo, a ABNT NBR ISO 31000:2009, que orienta a identificação e os tratamentos de riscos negativos e positivos (oportunidades). Mas, conforme descrito anteriormente, deve-se utilizar a metodologia da ABNT NBR ISO/IEC 27005:2011.

Nessa seção é descrita uma visão geral sobre o processo de gestão de riscos. Não se entra no detalhe de cada fase, tendo em vista que todo o processo está muito bem explicado na norma ABNT NBR ISO/IEC 27005:2011. Caso o leitor queira se aprofundar no tema, basta que consulte a norma citada.

O processo de gestão de riscos é composto pelas seguintes atividades:

- ✓ **Definição do contexto.** Nesta fase é realizada a definição do escopo de aplicação da gestão de riscos de Tecnologia e Segurança da Informação, a fim de delimitar o âmbito de atuação. Esse escopo pode abranger a organização, a área, o processo ou o ativo de informação. Nessa atividade, são estabelecidos os critérios de avaliação e de aceitação do risco.

- ✓ **Análise e avaliação de riscos.** Nesta fase inicialmente serão identificados os riscos, considerando as ameaças e as vulnerabilidades associadas aos ativos de informação, para, em seguida, serem estimados os níveis de riscos, de modo que eles sejam avaliados e priorizados. São realizados o mapeamento de ativos de informação e a identificação desses ativos de informação, além de seu responsável dentro do escopo estabelecido. São identificados os riscos associados ao escopo definido, considerando:

    - ➢ ameaças envolvidas;
    - ➢ vulnerabilidades existentes nos ativos de informação; e
    - ➢ controles de Segurança da Informação já adotados.

São estimados os riscos identificados para cada ativo de informação, considerando os valores ou níveis para a probabilidade e para a consequência do risco associado à perda de confidencialidade, integridade e disponibilidade. Também são avaliados os riscos, determinando se são aceitáveis ou se requerem tratamento, comparando a estimativa de riscos com os critérios estabelecidos na definição do contexto. Os riscos que requeiram tratamento devem ser relacionados, priorizando-os de acordo com os critérios estabelecidos na definição de contexto.

- ✓ **Tratamento dos riscos.** Nesta fase relacionam-se os riscos que requeiram tratamento, priorizando-os de acordo com os critérios estabelecidos na definição de escopo. Devem ser determinadas as formas de tratamento dos riscos, considerando as opções de reduzir, evitar, transferir ou aceitar o risco, observando:

    - ➢ eficácia dos controles de Segurança da Informação já existentes;
    - ➢ restrições organizacionais, técnicas e estruturais de cada organização;

- requisitos legais; e
- análise custo-benefício.

É recomendado elaborar um plano para o tratamento dos riscos, relacionando, no mínimo, controles de Segurança da Informação, os responsáveis pela implantação dos controles de SI e prioridades e prazos de execução necessários à sua implantação.

- **Aceitação dos riscos.** Nesta fase são verificados os resultados do processo executado de gestão de riscos de Segurança da Informação, considerando o plano de tratamento, aceitando-os ou submetendo-os à nova avaliação do comitê de SI.

- **Monitoramento e análise crítica dos riscos.** Nesta fase são detectadas as possíveis falhas nos resultados, monitorando os riscos, os controles de Segurança da Informação e verificando a eficácia do processo de gestão de riscos de SI.

- **Comunicação dos riscos.** Nesta fase deve-se manter o CISO e o comitê de SI informados a respeito de todas as fases da gestão de riscos, compartilhando as informações entre o tomador da decisão e as demais partes envolvidas ou interessadas.

- **Melhoria contínua.** Cada envolvido na gestão de riscos deve propor ao CISO e ao comitê de SI a necessidade de implementar as melhorias identificadas durante a fase de monitoramento e análise crítica.

É importante realizar uma ressalva nesta seção. A ISO/IEC 27001:2013 faz referência em seu texto à utilização da ABNT NBR ISO 31000:2009 – Gestão de riscos – Princípios e diretrizes. Para ser a metodologia utilizada em gestão de ricos em toda a organização, a própria ISO está em fase de estudo. A padronização e a harmonização entre as duas normas internacionais, qualquer que seja a norma escolhida como metodologia, poderão ser utilizadas com resultados finais muito parecidos.

4.3.2.2 – Teste de invasão

Como este é um assunto novo que está em evidência, devido aos mais variados ataques cibernéticos que vêm acontecendo no Brasil e em todo mundo, a explicação detalhada de toda sua metodologia se faz necessária.

O teste de invasão é uma atividade recomendada para avaliar a estrutura tecnológica da informação de acordo com uma visão externa e interna. Além de avaliar a Segurança da Informação, esse serviço avalia a qualidade dos controles de SI implementados, validando os procedimentos de respostas aos incidentes de segurança da equipe de administração do ambiente de Tecnologia da Informação.

Essa atividade consiste em aplicar as mesmas técnicas utilizadas pelos atacantes reais, utilizando uma metodologia consistente para minimizar os riscos inerentes de qualquer teste. Como resultado, esse trabalho terá relatórios contendo as vulnerabilidades existentes no ambiente, dando subsídio para iniciar ações corretivas.

Nesse caso, entende-se por ambiente os sistemas de informação, as redes de telecomunicações, as aplicações web e toda a infraestrutura crítica que faça parte do escopo do teste de invasão.

São objetivos desta atividade:

✓ Identificar as vulnerabilidades e os riscos inerentes aos ambientes internos e externos.

✓ Identificar os impactos que os riscos possam causar à Segurança da Informação e à imagem da organização, através da simulação de tentativas reais de ataques de invasão.

✓ Descrever as ações necessárias para aumentar o nível de Segurança da Informação.

✓ Possibilitar que as decisões estratégicas sejam tomadas com base nos fatos reais.

A metodologia de teste de invasão possui foco em avaliar os riscos de Segurança da Informação e foi projetada para minimizar os impactos nas redes de telecomunicações e no ambiente de Tecnologia da Informação. Está baseada em padrões internacionais de Segurança da Informação, incluindo: ISO/IEC 27002:2013, NIST 800-115 – *Technical Guide to Information Security Testing and Assessment* e OSSTMM – *Open Source Security Testing Methodology Manual*.

As macrofases da metodologia são:

Planejar → Avaliar → Executar → Apresentar Resultados → Revalidar

Figura 7. Etapas do teste de invasão.

Nos próximos itens são detalhadas as atividades executadas em cada uma das fases apresentadas.

✓ **Fase 1 – Planejar.** Nesta etapa é realizada uma reunião de planejamento para coordenar as ações que serão realizadas durante o teste de invasão. Entre essas ações são definidos o escopo e os objetivos que devem ser persistidos para o sucesso do teste. É definido qual tipo de teste que será feito. Existem dois tipos: o teste cego, que é realizado sem o conhecimento da infraestrutura que será testada; e o teste com o prévio conhecimento da infraestrutura, como IPs, nomes de ativos de informação e demais informações que serão passadas. Também será definido se o teste será executado de um ponto externo na organização, utilizando a internet, ou se será feita de um ponto interno, dentro da organização testada.

✓ **Fase 2 – Avaliar.** Esta fase consiste em coletar o maior número possível de informações sobre o escopo alvo do teste, com o objetivo de realizar um entendimento inicial sobre o ambiente. Essas informações podem ser coletadas de meios públicos, como listas de discussão, mecanismos de busca, informações sobre os domínios pertencentes à organização, redes internas, entre outras fontes. Após a obtenção das informações iniciais sobre o ambiente, são utilizadas ferramentas com o objetivo de mapear ainda mais a rede da organização. Enquanto na fase de coleta há pouca atividade diretamente realizada contra a rede avaliada, nessa etapa os equipamentos passam a receber tráfego especificamente voltado para o levantamento de serviços de rede e sistemas. Isso proporcionará à equipe de execução do trabalho a obtenção das seguintes informações:

- Equipamentos de rede e de segurança, servidores e sistemas existentes nas redes.
- Serviços executados nos equipamentos de rede e servidores.
- Páginas ou serviços de administração de equipamentos ou sistemas.
- Sistemas operacionais utilizados.
- Rotas existentes e links de comunicação.

De posse das informações sobre o mapeamento do ambiente, será possível identificar as vulnerabilidades de uma rede, de servidores e de sistemas. Isso proporcionará à equipe de execução do trabalho a obtenção das seguintes informações:

- Enumeração das vulnerabilidades com os respectivos impactos que elas possam vir a causar.
- Enumeração dos pontos críticos identificados e passíveis de exploração.

✓ **Fase 3 – Executar.** Esta fase consiste no uso ou desenvolvimento de programas e técnicas para exploração das vulnerabilidades identificadas na fase anterior, com o objetivo de evidenciar as vulnerabilidades que podem ser exploradas. Isso proporcionará à equipe de execução do trabalho a obtenção das seguintes informações:

- Evidências do comprometimento de redes, servidores ou sistemas de informação.

Esta fase também está condicionada aos resultados obtidos na exploração das vulnerabilidades. São utilizados os mesmos testes da fase anterior. Isso proporcionará à equipe de execução do teste de invasão a obtenção das seguintes informações:

- Evidências da elevação de privilégios nas redes, servidores ou sistemas de informação.

✓ **Fase 4 – Apresentar resultados.** Nesta fase será elaborado um relatório de perfil técnico, com a descrição detalhada das atividades realizadas, na forma de procedimentos, ambientes e serviços afetados, evidências e recomendações de correção, permitindo uma visão em profundidade das fragilidades de maior criticidade e suscetíveis a atividades maliciosas. O público-alvo desse relatório são os administradores de rede e a equipe técnica. Deve ser elaborado um relatório consolidado (visão geral dos ambientes testados) em linguagem executiva dos resultados obtidos pelo trabalho, que permitirá uma compreensão em alto nível das atividades realizadas, uma classificação dos riscos encontrados, pontos positivos verificados, bem como problemas identificados, propiciando uma interpretação executiva da segurança da informação na organização. O público-alvo desse relatório são os gerentes e a alta direção.

✓ **Fase 5 – Revalidar.** Nesta fase são verificados se todas as vulnerabilidades apontadas foram mitigadas e se todos os controles de Segurança da Informação recomendados foram implantados.

4.3.2.2.1 – OWASP

A título de informação, quando se testa uma aplicação web, ou seja, um sistema de informação que funciona conectado à internet, existe uma instituição especializada em testar falhas e vulnerabilidades: o *The Open Web Application Security Project* (OWASP), uma organização sem fins lucrativos, focada em melhorar a segurança de software.

O principal projeto dessa organização chama-se **OWASP Top 10**, que possui edições trienais e lista as vulnerabilidades e falhas mais críticas encontradas em aplicações web, com a sua devida descrição, recomendando os controles de Segurança da Informação necessários para mitigar o seu impacto caso sejam exploradas por um atacante.

Segue um quadro comparativo entre as principais vulnerabilidades de 2010 e as mais recentes de 2013:

Tabela 22. Comparação entre as vulnerabilidades de 2010 e 2013.
Fonte: adaptado de https://www.owasp.org/index.php/Main_Page

OWASP Top 10 – 2010	OWASP Top 10 – 2013
A1 – Injeção de código	A1 – Injeção de código
A3 – Quebra de autenticação e gerenciamento de sessão	A2 – Quebra de autenticação e gerenciamento de sessão
A2 – *Cross-Site Scripting* (XSS)	A3 – *Cross-Site Scripting* (XSS)
A4 – Referência insegura e direta a objetos	A4 – Referência insegura e direta a objetos
A6 – Configuração incorreta de segurança	A5 – Configuração incorreta de segurança
A7 – Armazenamento criptográfico inseguro – agrupado com A9	A6 – Exposição de dados sensíveis
A8 – Falha na restrição de acesso à URL – ampliado para A7 →	A7 – Falta de função para controle do nível de acesso
A5 – *Cross-Site Request Forgery* (CSRF)	A8 – *Cross-Site Request Forgery* (CSRF)
<Removido do A6: configuração incorreta de segurança>	A9 – Utilização de componentes vulneráveis conhecidos
A10 – Redirecionamentos e encaminhamentos inválidos	A10 – Redirecionamentos e encaminhamentos inválidos
A9 – Proteção insuficiente no nível de transporte	Agrupado com 2010-A7 criando o 2013-A6

4.4 – Funções e responsabilidades da gestão e operação de Segurança da Informação

Após o diagnóstico de Segurança da Informação, a organização é capaz de identificar o que melhorar em seus processos de SI e quais controles serão necessários implementar para tratamento dos riscos identificados.

Conforme descrito no item 1.2 neste livro, para implementar a gestão da Segurança da Informação em uma organização é necessário que seja estabelecida uma estrutura para gerenciá-la. Para isso, as atividades de SI devem ser coordenadas por representantes de diversas partes da organização, com funções e papéis relevantes. Todas as responsabilidades pela Segurança da Informação também devem estar claramente definidas.

Conforme descrito anteriormente, o Chefe de SI deve fazer o alinhamento entre a governança e a gestão. Mas se tratando de gestão, ele é o responsável pelo processo, embora não deva trabalhar sozinho. Para realizar sua missão com sucesso, é recomendado que o CISO trabalhe com uma equipe especializada. Essa equipe recebe as orientações, sendo responsável pela operação da Segurança da Informação na organização.

As funções e responsabilidades da gestão da estrutura de SI estão descritas a seguir.

4.4.1 – Funções do CISO (Chefe de Segurança da Informação)

O CISO em muitas organizações é considerado um super-herói com diversos poderes. Ele tem que conhecer todas as tecnologias e resolver todos os problemas no menor tempo possível. Se ele fosse um jogador de futebol, teria que bater o escanteio e correr para a área para cabecear.

Assim como a Tecnologia da Informação está em constante evolução, as ameaças, as vulnerabilidades e as necessidades do ambiente de negócios também estão. Aquele com a combinação certa de práticas de negócios, o conhecimento sobre a capacidade da tecnologia e a capacidade de medição dos processos por indicadores está evoluindo para ser um líder mais versátil.

O CISO deve se manter informado sobre o surgimento de novos riscos e considerar as questões jurídicas ao tomar decisões; entender como a organização gera receita e encontrar formas produtivas de apoio; gerenciar os riscos que poderiam afetar o crescimento dos negócios e inovação; e comunicar-se com todas as áreas da organização para conscientizá-las e educá-las sobre os riscos e as possíveis soluções, ajudando a criar em todos a cultura da Segurança da Informação.

Conforme demonstrado neste livro, o assunto Segurança da Informação é muito amplo. Existem muitas tecnologias a serem controladas e gerenciadas, e todo dia surgem novas ameaças que devem ser tratadas. Se a organização está comprometida com a Segurança da Informação, ela disponibilizará uma equipe para apoiar o Chefe de SI. Assim, os resultados positivos tendem a aparecer mais rápido, agregando valor para a gestão da organização.

As responsabilidades do CISO incluem, mas não estão limitadas a:

- ✓ Elaborar e enviar para aprovação do comitê de SI o Plano Estratégico de Segurança da Informação.

- ✓ Promover a divulgação de Segurança da Informação no âmbito da organização.

- ✓ Acompanhar as investigações de incidentes de Segurança da Informação e as avaliações dos danos decorrentes de quebra de segurança.

- ✓ Propor recursos financeiros necessários às ações de Segurança da Informação.

- ✓ Coordenar o comitê de Segurança da Informação.

- ✓ Realizar e acompanhar estudos de novos projetos e novas tecnologias quanto a possíveis impactos na Segurança da Informação.

- ✓ Propor documentos normativos relativos à Segurança da Informação.

- ✓ Entre outras funções já comentadas neste livro.

4.4.2 – Funções do Escritório de Segurança da Informação (ESI)

Em algumas organizações, o nome da equipe de Segurança da Informação é conhecido como ESI – Escritório de Segurança da Informação. Mais importante que o nome é a sua existência e, principalmente, a definição de suas responsabilidades e sua área de atuação.

A primeira coisa a se fazer para montar uma equipe de Segurança da Informação é formalizar a sua existência perante a política interna da organização. É recomendado montar um documento normativo e enviá-lo para o comitê de SI aprovar e encaminhar para a alta direção da empresa sancionar e publicar o conhecimento de todo o efetivo da organização.

Mais uma vez, lembre-se: caso a organização não tenha uma governança estabelecida, esse documento normativo deverá ser enviado para o presidente da organização.

O documento deve conter os seguintes campos:

- ✓ Missão do Escritório de Segurança da Informação (ESI).

- ✓ Objetivos e justificativa da existência da equipe.

- ✓ Organograma bem definido com todas as áreas de atuação, por exemplo: seção de auditoria, seção de implementação de controles, seção de normatização, seção de tratamento de incidentes de Segurança da Informação etc.

- ✓ Atribuições dos profissionais das seções.

- ✓ Perfil dos profissionais.

- ✓ Quantidade de profissionais.

- ✓ Conclusão do documento com a assinatura do Chefe de Segurança da Informação.

Após a aprovação desse documento, a próxima tarefa é definir as responsabilidades da equipe.

Suas responsabilidades na operação da Segurança da Informação incluem, mas não estão limitadas a:

- ✓ Definir, implementar, controlar e revisar controles de Segurança da Informação.
- ✓ Identificar os riscos inerentes e residuais da Segurança da Informação.
- ✓ Definir perfis e recursos para a realização das trilhas de auditoria em sistemas da informação.
- ✓ Definir os critérios e procedimentos para a realização da classificação da informação, protegendo as mais críticas.
- ✓ Avaliar os procedimentos de Segurança da Informação, reportando seus resultados e discutindo com os envolvidos as melhorias necessárias.
- ✓ Definir a estrutura de Segurança da Informação a ser cumprida pela organização.
- ✓ Definir as soluções de Segurança da Informação antes da implantação e durante a sua manutenção.
- ✓ Elaborar programas de treinamento em Segurança da Informação, visando a capacitação dos proprietários e usuários das informações.
- ✓ Desenvolver, implantar e manter os Planos de Continuidade de Negócio que visem garantir as operações em casos de desastres e indisponibilidade dos ativos críticos da organização.
- ✓ Prover e administrar salvaguardas físicas contra acessos não autorizados, protegendo contra eventuais prejuízos no negócio da organização.
- ✓ Liderar o Escritório de Projetos de SI.
- ✓ Elaborar documentos normativos de Segurança da Informação.
- ✓ Tratar os incidentes de Segurança da Informação.
- ✓ Definir a arquitetura e a infraestrutura de Segurança da Informação a serem seguidas em todos os projetos da organização.

4.5 – Resumo executivo

- ✓ A governança também pode ser descrita como a boa gestão da gestão.

- ✓ Para ter uma boa gestão é preciso implantar um ciclo de melhoria contínua. Uma forma de implantá-lo é por meio do ciclo do PDCA e sua evolução para o PDCL.

- ✓ Diagnosticar como se encontra o estado atual da gestão de Segurança da Informação e otimizar resultados contribuirão muito para o sucesso da Governança de SI.

- ✓ Por meio do diagnóstico de Segurança da Informação é possível identificar o que melhorar em seus processos de SI e quais controles de segurança serão necessários implementar para tratamento dos riscos identificados.

- ✓ A metodologia de diagnóstico foi elaborada para identificar as causas de uma má gestão e propor avanços, com possibilidades de melhoria contínua, pois está apoiada nas melhores práticas de Segurança da Informação. Para isso é necessário avaliar a capacidade e a conformidade dos processos implantados na organização.

- ✓ A identificação de vulnerabilidades, ameaças e riscos é uma importante etapa para diagnosticar como estão os processos de negócio que fazem parte da gestão de SI, pois analisam o funcionamento do processo e avaliam os ativos de informação que suportam esses processos.

- ✓ Técnicas de teste de invasão demonstradas neste capítulo avaliam a eficácia e a eficiência dos controles de Segurança da Informação implementados.

Capítulo 5
Implantação da Governança de Segurança da Informação

As organizações que têm um desempenho superior às demais em se tratando de Segurança da Informação, sustentável e de longo prazo, requerem um pensamento e um planejamento estratégicos. Um pensamento estratégico consiste em elaborar uma visão para o futuro da organização e executar um projeto claro e conciso para colocar essa visão em prática com sucesso. Esse processo deve ser desenvolvido pelo Chefe de Segurança da Informação em conjunto com o comitê de Segurança da Informação.

O Plano Estratégico de Segurança da Informação (PESI) é um processo utilizado para desenvolver e elaborar atividades, a fim de saber o que deve ser executado e de qual maneira deve ser executado, para comunicar e implantar a estratégia escolhida pela organização. Além disso, deve responder a três perguntas básicas: onde estamos? Para onde vamos? Como chegaremos lá?

Esse plano é de suma importância para a Governança de Segurança da Informação. É um dos principais fatores para o sucesso da SI em uma organização.

O PESI deve ser dinâmico e flexível, com um período de vigência, para suportar as necessidades de Segurança da Informação que surgem em virtude da velocidade com que novas ameaças, vulnerabilidades, riscos, aspectos físicos de Tecnologia da Informação e humanos evoluem com o tempo.

O principal objetivo do PESI é estabelecer, em conformidade com os objetivos estratégicos da organização, ações de curto, médio e longo prazos, visando tornar efetiva a Governança de Segurança da Informação.

Não foi à toa que se fez, nos itens 2.4.6 e 2.4.7, a análise de capacidade e conformidade, no processo **APO02 – Gerenciar a Estratégia**.

Segundo a análise de conformidade realizada no item 2.4.7, o planejamento estratégico de Segurança da Informação é necessário para gerenciar e direcionar todos os recursos de SI de acordo com as prioridades e a estratégia do negócio. O plano estratégico deve melhorar o entendimento das principais partes interessadas a respeito das limitações e das oportunidades de Segurança da Informação, avaliar o desempenho atual e esclarecer o nível de investimentos necessários. A estratégia e as prioridades do negócio precisam ser refletidas nas ações de SI e executadas pelo(s) plano(s) tático(s), que estabelece(m) objetivos, ações e tarefas concisas, entendidas e aceitas, tanto pelo negócio como pela Segurança da Informação.

Os principais benefícios do PESI:

- ✓ Redução de custos mediante o corte de projetos desnecessários.

- ✓ Melhor direcionamento dos esforços através do direcionamento das ações de SI.

- ✓ Ações de Segurança da Informação com foco nas necessidades dos negócios.

- ✓ Mapeamento geral do nível de Segurança da Informação, com o diagnóstico de segurança e identificação dos principais riscos.

- ✓ Aderência com as melhores práticas internacionais de Segurança da Informação.

Nos próximos itens, será descrita a metodologia de elaboração do Plano Estratégico de Segurança da Informação.

5.1 – Metodologia de elaboração do planejamento estratégico de Segurança da Informação

Como se viu anteriormente, um plano estratégico de Segurança da Informação é um dos processos para implantar a governança. Mas por onde começar?

Conforme descrito no capítulo 2, a primeira atividade para a elaboração do PESI é a entrevista com a alta direção e a pesquisa sobre os objetivos estratégicos da organização. Nessa atividade é recomendado planejar as entrevistas para poupar tempo da equipe que está fazendo a elaboração do PESI, pois os integrantes da alta direção, geralmente, são pessoas atarefadas, que têm muitas decisões para tomar durante o dia.

A principal pergunta a ser feita é: como a Segurança da Informação pode contribuir com os objetivos estratégicos da sua organização?

De posse do documento, que pode ser chamado de **REGISTROS DE REQUISITOS DE SEGURANÇA DA INFORMAÇÃO**, tem-se o insumo daquele que será o principal conteúdo do plano estratégico de Segurança da Informação.

Após essa atividade, inicia-se a conformidade com leis e regulamentos que a organização é obrigada a cumprir. É importante reunir quaisquer requisitos interno e externos, baseados em leis e regulamentos.

Na terceira atividade, inicia-se o mapeamento das áreas e dos processos da organização. Assim, identifica-se qual é o setor mais crítico e relevante para organização, onde se deve ter mais atenção na implantação da Governança de Segurança da Informação. O capítulo 4 explica como realizar essa atividade.

Feito isso, a próxima atividade é o diagnóstico de Segurança da Informação da organização. Esse diagnóstico é realizado no modelo de governança de SI, conforme explicado no item 2.3.1 ("Visão geral dos processos do modelo de Governança de Segurança da Informação"). Além disso, temos que avaliar os resultados do estudo de impacto e prioridade nos processos de negócio, demonstrado no capítulo 3.

Adiante, é necessário realizar o diagnóstico da gestão, conforme explicado no item 4.3 ("Diagnóstico sobre a gestão de Segurança da Informação na organização"). Após, só resta realizar a identificação dos riscos e testar a eficiência e eficácia dos controles de Segurança da Informação que já estão implementados na organização. Essa atividade foi descrita no item 4.3.2 ("Gestão de riscos e teste de invasão").

Feitas essas atividades, deve ser realizada uma análise SWOT: técnica utilizada para fazer análise de cenário, podendo ser também uma análise de ambiente, usada como base para fazer o planejamento estratégico de uma organização. Devido a sua simplicidade, essa técnica pode ser utilizada para qualquer tipo de análise de cenário.

A análise de cenário com foco em Segurança da Informação se divide em ambiente interno e ambiente externo.

As forças e fraquezas são determinadas pela posição atual no momento da análise da organização e se relacionam, quase sempre, a fatores internos.

Já as oportunidades e ameaças são antecipações do futuro e estão sempre relacionadas a fatores externos da organização.

A matriz SWOT deve ser utilizada entre o diagnóstico com foco em Segurança da Informação e a formulação da estratégica de SI propriamente dita.

Segue uma tabela que ilustra essa técnica de planejamento:

Tabela 23. Matriz SWOT. Fonte: adaptado da Wikipédia.

		Ajuda	Atrapalha
Origem do fator	**Interna (organização)**	**S** Forças	**W** Fraquezas
	Externa (ambiente)	**O** Oportunidades	**T** Ameaças

Após a análise da matriz de SWOT, foram identificados os seguintes resultados:

✓ **Ambiente interno**

> ➤ **Forças** – Maximizar os pontos fortes. A organização tem uma infraestrutura de ponta com equipamentos tecnológicos de última geração. A organização dispõe de recursos financeiros adequados para a implantação de ações de Segurança da Informação.

> **Fraqueza** – Minimizar os pontos fracos. A falta de conhecimentos ou capacidades técnicas em Segurança da Informação. Falta de cultura da organização em Segurança da Informação.

✓ **Ambiente externo**

> **Oportunidades** – Explorar e alavancar as oportunidades. Implantação de novas tecnologias com foco em Segurança da Informação oferece a possibilidade de desenvolvimento de produtos inovadores. Desenvolvimento de novos produtos explorando o mercado da internet com segurança para a organização e para o seu cliente.

> **Ameaças** – Evitar as ameaças. Pela falta de cultura em Segurança da Informação, há uma ameaça de vazamento de informações sigilosas. Pela falta de controles de segurança na infraestrutura crítica da organização, há uma ameaça de ataques cibernéticos.

Conclusão da análise de SWOT

É preciso analisar o que a organização deverá fazer para aproveitar seus pontos fortes e alavancar as oportunidades, melhorar seus pontos fracos e tentar extinguir ou mitigar o efeito das ameaças potenciais.

Toda análise de SWOT deve ter uma conclusão. Pode-se concluir que a organização tem pontos fortes como a infraestrutura tecnológica e recursos financeiros que poderão ser utilizados para alavancar as oportunidades para desenvolvimento de novos produtos; e exploração de um novo mercado, que é a internet. Entretanto, identificam-se fraquezas como a falta de conhecimento técnico e de cultura em Segurança da Informação, que poderão ser exploradas pelas ameaças de vazamento de informações sigilosas e ataques cibernéticos na sua infraestrutura crítica, que, caso ocorram, poderão trazer um impacto financeiro e de imagem muito grande para a organização.

O que essa organização terá que fazer é criar objetivos e ações de Segurança da Informação para mitigar as fraquezas e ameaças e explorar os seus pontos fortes e oportunidades.

Para finalizar a importância da análise de SWOT, um pensamento de Sun Tzu, no livro "A Arte da Guerra": "concentre-se nos pontos fortes, reconheça as fraquezas, agarre as oportunidades e proteja-se contra as ameaças".

5.1.1 – Objetivos estratégicos de Segurança da Informação

De posse de todo o diagnóstico descrito no item 5.1, deve-se iniciar a descrição dos objetivos estratégicos de Segurança da Informação. Lembrando que os objetivos de SI devem estar alinhados com os princípios básicos de governança descritos no item 1.1.

É necessário elaborar uma missão e uma visão para nortear a Segurança da Informação, em conformidade com os objetivos estratégicos da organização.

A missão é a finalidade da existência da Segurança da Informação na organização. É o sentimento que direciona e dá o significado a essa existência.

Exemplo de missão: proteger as informações circulantes na organização, assegurando a continuidade dos sistemas de informação e suportando as ações de Tecnologia da Informação.

Já a visão é o sonho que a organização deseja conquistar. É aquilo que se espera conquistar nos próximos anos. Normalmente é determinando um prazo de médio a longo, de mais ou menos cinco anos. A visão deve ser motivadora, clara e concisa, de modo que todos os funcionários se sintam motivados a contribuir para a organização conquistar o que deseja.

Exemplo de visão: ser um referencial de Segurança da Informação para todas as áreas da organização, bem como obter o reconhecimento nacional e internacional por manter índices elevados de SI em relação aos padrões exigidos.

Após a preparação da missão, elaboram-se os objetivos de segurança que devem estar alinhados aos objetivos estratégicos da organização, contribuindo para os resultados positivos do negócio e garantindo a perenidade da organização. Além disso, esses objetivos devem ser perseguidos visando cumprir a missão atribuída à Segurança da Informação e também colaborar com a busca dos objetivos estratégicos da organização.

Quando se tiver dificuldade em escrever os objetivos de Segurança da Informação, deve-se utilizar as técnicas de *Balanced Scorecard*. O BSC é um sistema gerencial que permite à organização implantar, gerenciar, controlar e divulgar seus objetivos estratégicos. Esse sistema será de grande valia para: identificar e alinhar os objetivos de SI com os objetivos estratégicos da organização; associar os objetivos de Segurança da Informação com metas de curto, médio e longo prazos e orçamentos anuais; comunicar os objetivos por toda a organização; alinhar as metas do Escritório de Segurança da Informação e metas pessoais aos objetivos; e realizar revisões estratégicas periódicas e sistemáticas.

O BSC permite escrever e implantar objetivos de SI de acordo com quatro perspectivas da organização: financeira; cliente; processos internos e de inovação; e aprendizado. Sendo assim, permitirá que a Segurança da Informação seja estabelecida em toda a organização em conformidade com o primeiro princípio da Governança de SI descrito na ABNT NBR ISO/IEC 27014:2013.

Os objetivos de SI que estão descritos neste livro foram selecionados por serem de cunho genérico, podendo se adaptar a muitas organizações. Mas é importante frisar que quando se está identificando os objetivos de uma organização, eles devem ser escritos de acordo com as análises enumeradas no item 5.1.

Seguem alguns exemplos de objetivos de Segurança da Informação genéricos:

- ✓ **Primeiro objetivo:** implantar a Governança de Segurança da Informação. Estabelecer as diretrizes gerais de SI, as responsabilidades, os princípios e os critérios para a elaboração, o manuseio, o armazenamento, o transporte e o descarte de informações. A organização será responsável por editar as normas de Segurança da Informação, fornecer orientações e apoio às ações de gestão da SI, visando reduzir riscos e contribuir para a melhoria da segurança na organização.

- ✓ **Segundo objetivo:** proteção da infraestrutura crítica da organização contra ataques cibernéticos. Implantar controles de Segurança da Informação para a proteção quanto às questões relacionadas a espionagem e ataques cibernéticos, bem como garantir a segurança das redes de telecomunicações.

- ✓ **Terceiro objetivo:** garantir a continuidade de negócio dos processos críticos. Não permitir a interrupção das atividades concernentes à organização, protegendo os processos críticos contra efeitos de falhas ou de desastres significativos e assegurando a sua retomada em tempo hábil. Isso será possível a partir do desenvolvimento de capacidades nos níveis estratégicos e táticos e da implantação de um Sistema de Gestão de Continuidade de Negócios, visando responder e tratar adequadamente incidentes graves de Segurança da Informação.

- ✓ **Quarto objetivo:** educar, treinar e conscientizar o capital humano. Promover a capacitação do capital humano da organização para o desenvolvimento de competências tecnológicas, visando a condução proficiente e confiável das atividades inerentes à Segurança da Informação, das operações e da infraestrutura crítica e de sistemas de informação da organização.

A figura a seguir ilustra os exemplos citados:

Figura 8. Alinhamento estratégico de SI com os objetivos estratégicos da organização.

5.1.2 – Matriz dos objetivos estratégicos e objetivos da Segurança da Informação

Deve-se elaborar uma tabela apresentando os objetivos estratégicos da organização relacionados aos objetivos da Segurança da Informação, numerados de acordo com o item anterior. A tabela representa uma estimativa da contribuição dos objetivos de SI em favor dos objetivos estratégicos da organização.

Somente a título de exemplo, seguem alguns objetivos estratégicos de acordo com as áreas e os processos de negócio da organização, analisados no capítulo 3.

Exemplos de objetivos estratégicos de uma organização:

- ✓ Identificar e buscar a perfeição nos processos de trabalho, agregando valor ao produto final.
- ✓ Proteger as informações contra vazamento de produtos.
- ✓ Aperfeiçoamento e adequação aos processos de apoio aos funcionários.
- ✓ Aprimoramento do apoio logístico.
- ✓ Reduzir a vulnerabilidade da organização no mercado aos novos concorrentes.

Objetivos da Segurança da Informação:

- ✓ 1 – Implantar a Governança de Segurança da Informação.
- ✓ 2 – Proteger a infraestrutura crítica da organização contra ataques cibernéticos.
- ✓ 3 – Garantir a continuidade de negócio dos processos críticos.
- ✓ 4 – Educar, treinar e conscientizar o capital humano.

Na tabela a seguir é realizado o alinhamento sobre quais objetivos de Segurança da Informação contribuem para o sucesso dos objetivos estratégicos da organização.

Como, por exemplo, os quatro objetivos de SI contribuem para o sucesso do objetivo estratégico **Identificar e buscar a perfeição nos processos de trabalho, agregando valor ao produto final.** Para o correto alinhamento, é necessário entrevistar as pessoas que conhecem os processos de negócio da organização.

Tabela 24. Exemplo de alinhamento dos objetivos estratégico com os objetivos de Segurança da Informação.

Objetivos estratégicos	Objetivos da Segurança da Informação			
Identificar e buscar a perfeição nos processos de trabalho, agregando valor ao produto final.	1	2	3	4
Proteger as informações contra vazamento de produtos.	1	2	3	4
Aperfeiçoamento e adequação aos processos de apoio aos funcionários.	1	4		
Aprimoramento do apoio logístico.	1	3	4	
Reduzir a vulnerabilidade da organização no mercado aos novos concorrentes.	1	2	3	4

5.1.3 – Plano de ação

O plano de ação deve estar fundamentado nas melhores práticas de Segurança da Informação e nas legislações aplicáveis à organização.

O plano de ação de Segurança da Informação tem por finalidade aglutinar projetos estratégicos ou atividades que contribuam para o alcance dos objetivos estabelecidos para a SI, além de apresentar indicadores para acompanhar a implantação do Plano Estratégico de Segurança da Informação.

As ações propostas poderão sofrer alterações em decorrência de evoluções tecnológicas, de mudanças no ambiente da organização e de novas necessidades, tanto de manutenção quanto de desenvolvimento tecnológico.

As ações enumeradas em seguida deverão contribuir para o alcance da visão de futuro da organização, assim como dos objetivos da SI no período de cinco anos.

Segundo a Norma ABNT NBR ISO/IEC 27004:2010, é de extrema importância gerar métricas e indicadores para medir a eficiência e eficácia das ações de Segurança da Informação implementadas na organização. Por esse motivo, os objetivos de SI devem ter seus indicadores descritos no plano de ação, conforme as tabelas a seguir.

Segue um exemplo de plano de ação:

Tabela 25. Ações para o primeiro objetivo.

Objetivo	Implantar a Governança de Segurança da Informação
Indicadores genéricos	<ul><li>Número de atas de reunião do comitê de SI</li><li>Quantidade de processos de SI mapeados pelo escritório de Segurança da Informação</li><li>Quantidade de documentos de Segurança da Informação publicados</li><li>Relatórios de auditoria de Segurança da Informação</li><li>Relatórios de conformidade com requisitos legais</li><li>Índice de capacidade (afeto sobre as normas internas e externas)</li><li>Índice de conformidade (sobre as normas internas e externas)</li></ul>
Ações	1. Criar o comitê de Segurança da Informação visando gerenciar as ações estratégicas de Segurança da Informação. Esta ação deverá ser implantada, em curto prazo, sob coordenação do Chefe de Segurança da Informação. 2. Criar o Escritório de Segurança da Informação visando formalizar e sistematizar o tratamento aos assuntos referentes à SI nos níveis tático e técnico-operacional. Esta ação deverá ser implantada, em curto prazo, sob coordenação do Chefe de Segurança da Informação. 3. Criar estrutura e definir metodologia para o monitoramento do desempenho da Segurança da Informação, avaliando suas metas, marcos e resultados. Esta ação deverá ser concluída em médio prazo e realizada de forma continuada, sob coordenação do Escritório de Segurança da Informação. 4. Criar um plano tático para o Escritório de Segurança da Informação, descrevendo os projetos de segurança e investimentos necessários para alcançar os objetivos estratégicos da SI. Esta ação deverá ser concluída, em curto prazo, sob coordenação do Chefe de Segurança da Informação e com o apoio do Escritório de Segurança da Informação. 5. Criar estrutura para gerir a conformidade de requisitos da organização com requisitos legais que causam impacto à Segurança e à Tecnologia da Informação, a fim de contribuir para a melhoria da imagem da organização junto aos órgãos regulatórios e evitar sanções administrativas e legais. Esta ação deverá ser implantada em médio prazo e realizada de forma continuada, sob coordenação do Escritório de Segurança da Informação.

Tabela 26. Ações para o segundo objetivo.

Objetivo	Proteção da infraestrutura crítica da organização contra ataques cibernéticos
Indicadores genéricos	<ul><li>Número de documentos normativos sobre procedimentos de gestão de riscos</li><li>Número de riscos identificados e tratados</li><li>Número de vulnerabilidades identificadas e tratadas</li><li>Número de ativos da infraestrutura crítica monitorados</li><li>Número de processos monitorados</li><li>Número de incidentes identificados e tratados</li><li>Número de treinamentos realizados</li></ul>

Ações	6. Criar estrutura e metodologia para a gestão de riscos de Segurança da Informação com o objetivo de desenvolver procedimentos de análise e avaliação de riscos, de atender aos requisitos legais, regulatórios e de SI e de desenvolver critérios para o tratamento e a aceitação de riscos. Esta ação deverá ser implantada em médio prazo e realizada, em curto prazo, sob coordenação do Escritório de Segurança da Informação. 7. Realizar periodicamente análises de riscos e de vulnerabilidades nos ativos de infraestrutura crítica, visando identificar potenciais ameaças que possam explorar vulnerabilidades existentes e transformá-las em eventos de risco. Esta ação deverá ser realizada, em curto prazo, sob coordenação do Escritório de Segurança da Informação. 8. Realizar testes periódicos de invasão nos ativos de infraestrutura crítica para avaliar a eficiência da implantação dos controles de Segurança da Informação. Esta ação deverá ser, em curto prazo, sob coordenação do Escritório de Segurança da Informação. 9. Definir a primeira camada do *framework* de monitoração dos ativos de infraestrutura crítica (as barreiras de políticas). Na camada 1 são posicionadas as tecnologias e soluções que aplicam as políticas de controle de acesso, tanto para a entrada e saída de informações. Nela estão *firewalls*, filtros de pacotes, *gateways* de acesso, DMZ, NAT e VPN. Esta ação deverá ser executada, em médio prazo, mediante coordenação do Escritório de Segurança da Informação. 10. Definir a segunda camada do *framework* de monitoração dos ativos de infraestrutura crítica (detecção e prevenção). Na camada 2 estão posicionadas as tecnologias e soluções que realizam a monitoração e prevenção de intrusos. Esta camada permite ao administrador obter informações sobre tentativas de invasão, além de poder automatizar ações baseadas em eventos detectados pelos sistemas. Nela estão os IDS e IPs de rede e *hosts*. Esta ação deverá ser executada, em médio prazo, mediante coordenação do Escritório de Segurança da Informação. 11. Definir a terceira camada do *framework* de monitoração dos ativos de infraestrutura crítica (administração e monitoração de rede). Na camada 3 são realizadas a monitoração e a gerência da rede; nela estão posicionadas as tecnologias e soluções que realizaram a coleta de informações, permitindo ao administrador ter uma visão geral do ambiente de redes. Nela estão tecnologias como o protocolo SNMP e agentes e consoles de monitoração de redes. Esta ação deverá ser executada, em médio prazo, mediante coordenação do Escritório de Segurança da Informação. 12. Definir a quarta camada do *framework* de monitoração dos ativos de infraestrutura crítica (gestão da Segurança da Informação). Na camada 4 se encontra a parte que trata da gestão da informação, onde são coletadas notícias relevantes da mídia que possam influir na Segurança da Informação e onde se encontra a parte de inteligência do SIEM. SIEM é o resultado da combinação de *Security Information Management* (SIM), que reúne e gera relatórios de *logs* de segurança, com o *Security Event Manager* (SEM), que utiliza a correlação e análise e alertas de eventos de segurança em tempo real. Esta ação deverá ser executada, em médio prazo, mediante coordenação do Escritório de Segurança da Informação. 13. Implantar uma equipe de tratamento de incidentes de Segurança da Informação para tratar todos os alertas, eventos e incidentes de SI que foram monitorados pelo *framework* de monitoração. Esta ação deverá ser executada, em médio prazo, mediante coordenação do Escritório de Segurança da Informação.

Tabela 27. Ações para o terceiro objetivo.

Objetivo	Garantir a continuidade de negócio dos processos críticos
Indicadores genéricos	<ul><li>Relatório da disponibilidade dos recursos críticos</li><li>Quantidade de falhas na recuperação das cópias de segurança</li><li>Número de ativos inventariados</li><li>Número de planos de continuidade de negócios elaborados</li><li>Número de planos testados</li><li>Número de testes realizados na organização</li><li>Número de treinamentos realizados</li><li>Relatório de incidentes fechados</li><li>Quantidade de falhas na recuperação das cópias de segurança</li><li>Número de ativos da infraestrutura crítica com cópias de segurança implementadas</li><li>Quantidade de incidentes de segurança identificados e tratados por período de tempo</li></ul>
Ações	14. Elaborar a Política de Gestão de Continuidade da Organização para obter conformidade na implementação do Sistema de Gestão de Continuidade de Negócios. Esta ação deverá ser executada, em longo prazo, mediante coordenação do Escritório de Segurança da Informação e aprovação do comitê de Segurança da Informação. 15. Realizar uma análise de capacidade em Gestão de Continuidade de Negócio conforme a ABNT NBR ISO 22301:2013 – Segurança da sociedade – Sistema de gestão de continuidade de negócios – Requisitos para prover um diagnóstico preciso, identificando a existência de controles de tecnologia e o seu posicionamento em relação às melhores práticas do mercado. Indicar os pontos fortes, as vulnerabilidades e as falhas de continuidade no ambiente de TI e SI. Esta ação deverá ser executada, em longo prazo, mediante coordenação do Escritório de Segurança da Informação e aprovação do comitê de Segurança da Informação. 16. Deverá realizar a ação de entender a organização militar, que consiste nos seguintes itens: Diagnóstico ou Mapeamento dos Processos; Mapeamento Tecnológico do Negócio; Análise de Risco com foco em Disponibilidade; e Análise de Impacto de Negócios (*Business Impact Analysis* – BIA). Esta ação deverá ser executada, em longo prazo, mediante coordenação do Escritório de Segurança da Informação e aprovação do comitê de Segurança da Informação. 17. Deverá realizar a ação de definição de Estratégias de Gestão de Continuidade de Negócios, que consiste na Seleção da Estratégia e Recuperação (GCN). Esta ação deverá ser executada, em longo prazo, mediante coordenação do Escritório de Segurança da Informação e aprovação do Comitê de Segurança da Informação. 18. Deverá realizar a ação de definição de Desenvolver e implementar respostas de GCN, que consiste na elaboração dos Planos de Continuidade de Negócios. Esta ação deverá ser executada, em longo prazo, mediante coordenação do Escritório de Segurança da Informação e aprovação do Comitê de Segurança da Informação. 19. Deverá realizar a ação de execução de exercitar, manter e rever, que consiste em testar, manter e analisar criticamente os Planos de Continuidade de Negócios. Esta ação deverá ser executada, em longo prazo, mediante coordenação do Escritório de Segurança da Informação e aprovação do Comitê de Segurança da Informação.

Ações	20. Criar estrutura para gestão de cópias de segurança de sistemas críticos, visando manter a integridade e a disponibilidade dos recursos de processamento de informação e respectivos conteúdos de informação essenciais à operação da organização. Esta ação deverá ser concluída em médio prazo e atualizada continuamente, mediante coordenação do Escritório de Segurança da Informação. 21. Criar estrutura para a gestão de incidentes de Segurança da Informação, visando monitorar e avaliar os eventos suspeitos, determinar os incidentes de SI, calcular seus respectivos impactos, investigá-los, identificar suas possíveis causas, elaborar estratégias para suas respectivas contenção e correção e restabelecer os ambientes afetados no menor tempo possível. Esta ação deverá ser concluída, em médio prazo, e operada continuamente, mediante coordenação do Escritório de Segurança da Informação.

Tabela 28. Ações para o quarto objetivo.

Objetivo	Educar, treinar e conscientizar o capital humano
Indicadores genéricos	• Quantidade de campanhas de conscientização realizadas • Quantidade de pessoas capacitadas em Segurança da Informação • Quantidade de treinamentos realizados • Treinar 20% dos funcionários por ano em Segurança da Informação • Pesquisa de satisfação dos funcionários treinados deve ser superior a 80% de bom ou ótimo
Ações	22. Realizar uma pesquisa sobre o conhecimento em Segurança da Informação para todos os funcionários da organização, com o objetivo de servir de insumo para os projetos de divulgação de SI. Esta ação deverá ser concluída, em curto prazo, mediante coordenação do Escritório de Segurança da Informação e apoio da área de marketing e recursos humanos. 23. Estabelecer programa de educação, conscientização e aculturamento sobre Segurança da Informação, onde todos os funcionários da organização e demais prestadores de serviço contratados recebam, quando pertinente, treinamento apropriado e regular de acordo com a Política de Segurança da Informação. Esta ação deverá ser concluída, em curto prazo, mediante coordenação do Escritório de Segurança da Informação e apoio da área de marketing e recursos humanos. 24. Desenvolver cursos e treinamentos em Segurança da Informação para capacitar todos os funcionários da organização. Esta ação deverá ser concluída, em longo prazo, mediante coordenação do Escritório de Segurança da Informação.

5.1.4 – Retorno sobre o investimento em Segurança da Informação

Devido a limitações de recursos e à estratégia de foco em diminuição de custos para otimização dos negócios, o ROSI – *Return Of Security Investments* (Retorno sobre o investimento em Segurança da Informação) – não é um desafio somente para a área de SI, mas para todas as atividades de negócio.

As organizações precisam medir a relação custo-benefício da implantação das ações de Segurança da Informação para justificar a utilização do orçamento disponível e fornecer resultados e indicadores para a direção. Por isso é necessário que as ações de SI tenham o benefício esperado, contribuindo para agregar valor ao negócio.

Mas as organizações muitas vezes têm dificuldades para medir com precisão a eficácia e a eficiência sobre o custo de suas ações de Segurança da Informação. A razão para isso é que a segurança não é normalmente vista como um investimento que proporciona lucro, mas de prevenção de perdas. O Chefe de Segurança da Informação deve administrar a SI conforme os resultados da gestão de riscos, priorizando o foco nas ações que trarão maior benefício para o negócio, e tratando os riscos aos quais a organização está exposta.

A estimativa de investimentos em Segurança da Informação envolve a avaliação de quanto a perda potencial pode ser salva por um investimento. Portanto, o valor monetário do investimento tem de ser comparado com o valor monetário de redução do risco. Esse valor monetário do risco pode ser estimado através de uma análise e de uma avaliação quantitativa dos riscos identificados durante o processo de gestão de riscos.

Então, qual é a quantidade certa que uma organização deve investir para proteger as suas informações?

Com a elaboração do Plano Estratégico de Segurança da Informação, foram diagnosticados as vulnerabilidades, as ameaças e os riscos que a organização está enfrentando e irá enfrentar se não implantar nenhuma ação para tratar os resultados desse diagnóstico. Para esse tratamento, foram identificadas várias ações, e uma dessas tem um custo relativo a sua implantação. O custo deverá ser planejado de acordo com as melhores práticas de gestão de projetos, com o devido planejamento, além de ter a necessária aprovação do comitê de SI.

Fazendo o planejamento de todas as ações de SI, tem-se uma estimativa inicial de quanto irá custar a implantação do PESI. Mas, após a implantação das ações, deverá ser verificado qual foi o retorno sobre o investimento em cada ação, totalizando, assim, o retorno que a Segurança da Informação proporcionou para o negócio.

Uma das regras básicas para investir em Segurança da Informação é não gastar mais do que o valor do impacto da concretização do risco que foi identificado, ou seja, o valor gasto deve ser menor do que o impacto que a falta de controles ou implantações de ações de Segurança da Informação pode custar. Mas o investimento somente é necessário para mitigar riscos, perdas, prejuízo?

Durante a análise e avaliação de riscos na fase de diagnostico, poderão ser identificados riscos negativos ou positivos. Esses riscos têm o seu valor medido pela oportunidade de ter condições de agregar um conhecimento, ou novos processos de segurança para a organização, impossíveis de prever antes de realizar a análise e avaliação de riscos, implantados pela SI. Por exemplo, a ação 23 do plano de ação, do item 6.1.3, prevê a implantação de programa de educação, conscientização e aculturamento sobre Segurança da Informação para todas as pessoas que trabalham ou prestam serviço para a organização. Alguns dos benefícios a serem colhidos é que as pessoas estarão bem mais treinadas em perceber ameaças e vulnerabilidades nos ativos de informação. Agora elas podem, com a implantação do plano, vir a executar as atividades de forma apropriada e otimizada, analisando os riscos negativos e as oportunidades, garantindo maior produtividade para a organização.

5.1.4.1 – Método de cálculo do ROSI

Conforme descrito pela ENISA (*European Network and Information Security Agency*), uma abordagem válida é a chamada *Annual Loss Expectancy* (ALE) – expectativa de perda anual. É simples: basta calcular o custo de um incidente de Segurança da Informação em ativos tangíveis, como tempo e dinheiro, e intangíveis, como imagem e vantagem competitiva, multiplicando pelo valor da ocorrência do incidente que poderá ocorrer em um ano. Isso quer dizer o quanto se deve gastar para mitigar o risco de ocorrer o incidente. Assim, por exemplo, se uma loja tem uma chance de 10% de ser roubada e o custo de ser roubado é de R$ 10.000, você deverá gastar R$ 1.000 por ano em ações de SI. Se gastar mais do que isso, você estará desperdiçando dinheiro. Se gastar menos, também estará perdendo dinheiro, caso o incidente ocorra.

Outro exemplo para sedimentar esse conceito. Suponha que uma média de dez laptops é roubada de uma empresa em cada ano. A expectativa de perda anual é, portanto, o valor de dez laptops, incluindo os dados que estão armazenados dentro do laptop e as licenças de software. A medida proposta para combater o roubo de laptops pode, logo, custar mais do que o valor de um laptop. No entanto, se um incidente ocorrer uma vez a cada cinco anos, a expectativa de perda anual é de um quinto da expectativa de perda única.

Um problema nessa metodologia é que as ameaças se movem muito rapidamente, ou seja, o risco que foi identificado deve ser tratado o mais rápido possível, senão a exploração da ameaça pelas vulnerabilidades identificadas pode migrar para outras ameaças que exploram a mesma vulnerabilidade. Portanto, não podemos criar modelos de expectativa de perda anual.

Mas ainda há outro problema sobre a questão da matemática financeira, que cai rapidamente por terra quando se trata de eventos raros e caros. Imagine calcular os custos de imagem, perda de clientes, vantagem competitiva etc., de ter o nome da organização na televisão em um incidente de Segurança da Informação, de ataques cibernéticos. Seria uma situação constrangedora e com um custo calculado em R$ 20 milhões, por exemplo. Suponha também que as chances previstas na gestão de riscos são de 1 em 10.000 de que isso aconteça em um ano. A metodologia de expectativa de perda anual diz que se deve gastar somente a quantia R$ 2.000 para mitigar esse risco.

A conclusão sobre essa tema é o seguinte: quem tiver bons dados relativos às ações de Segurança da Informação pode realizar uma boa estimativa de redução de custos, uma expectativa de perda anual, um monitoramento contínuo das vulnerabilidades e ameaças presentes nos ativos de informação, além de obter benefícios com estimativas matemáticas. Se você não tiver esses dados confiáveis e atualizados, não deve fazer esse tipo de estimativa de retorno sobre o investimento em SI. Por exemplo, se você não mantém estatística, se os incidentes de Segurança da Informação são poucos para manter estatísticas significativas, se o problema é novo ou raro e tem pouca chance de ocorrer, se os custos são difíceis de expressar – por exemplo, um incidente que pode causar até mesmo a perda de vidas.

5.1.5 – Medição de indicadores específicos de Segurança da Informação

Não se pode gerenciar aquilo que não se pode medir; por esse motivo deve-se ter um painel de indicadores com o objetivo de controlar, medir e melhorar a Governança de Segurança da Informação.

Conforme descrito na Norma ABNT NBR ISO/IEC 27004:2010, um indicador é uma medida que fornece uma estimativa ou avaliação de atributos especificados derivados de um modelo com respeito às necessidades de informação definidas. Os indicadores do plano de ação no item 5.1.3 estão descritos de forma genérica, para auxiliar na medição das ações de Segurança da Informação. Nesta seção está demonstrado como obter indicadores mais específicos, para a correta medição e avaliação das ações de SI.

Os principais objetivos na mediação de indicadores para as ações de divulgação de Segurança da Informação são:

- ✓ Avaliar a eficácia das ações e seus grupos de controle de Segurança da Informação implementados.

- ✓ Verificar a extensão na qual os requisitos de Segurança da Informação identificados foram atendidos.

- ✓ Facilitar a melhoria contínua no desempenho da Segurança da Informação.

- ✓ Fornecer entradas para a análise crítica pela organização, facilitando as tomadas de decisões relacionadas à Segurança da Informação e justificando os investimentos realizados.

Conforme a norma ABNT NBR ISO/IEC 27004:2010, os indicadores devem ser objetivamente verificáveis. Eles representam uma forma de aferição do que se quer alcançar por meio das ações de Segurança da Informação e determinam como medir a proporção de consecução de cada uma das ações ao longo de sua implantação.

Para cada um dos indicadores é necessário determinar as fontes de dados, ou seja, onde serão coletadas as informações.

Esses indicadores deverão ser acompanhados por meio de um sistema que permita a tomada de decisões gerenciais em tempo hábil, voltadas para as soluções de problemas de segurança, servindo de base para a revisão de metas estabelecidas. Deverão ser utilizados para o efetivo gerenciamento da SI na organização.

Todas as ações de Segurança da Informação descritas no Plano Estratégico de SI deverão ter uma tabela de medição de indicadores.

Segue um exemplo de medição de indicadores, de acordo com a norma ABNT NBR ISO/IEC 27004:2010.

Tabela 29. Tabela de medição de indicadores, conforme a ABNT NBR ISO/IEC 27004:2010.

TABELA DE MEDIÇÃO DE INDICADORES	
Nome da ação de Segurança da Informação	Pesquisa de Segurança da Informação.
Identificador numérico	Nº 001 Ação nº 021 do Plano Estratégico de Segurança da Informação.
Propósito do modelo de medição	Objetivo de ser a primeira integração dos funcionários com o assunto, servindo para a obtenção de dados estatísticos a respeito do nível de cultura dos usuários finais.
Descrição da ação de Segurança da Informação	Pesquisa com todos os funcionários para verificar o nível de cultura em segurança da informação.
Objeto de medição	Banco de dados de todos os funcionários sobre o conhecimento em Segurança da Informação.
Atributo	Pesquisa.
Medição básica	Número de pessoas que responderam a pesquisa sobre Segurança da Informação. Número de pessoas que precisam receber o treinamento de conscientização e educação em Segurança da Informação.
Método de medição	Será feita uma pesquisa via web.
Cliente da medição	Comitê de Segurança da Informação.
Responsável pela análise crítica da medição	Chefe de Segurança da Informação e o Escritório de Segurança da Informação.
Proprietário da informação	Chefe de Segurança da Informação.
Responsável por coletar o indicador	Assessoria de comunicação da organização.
Comunicador do indicador	Escritório de Segurança da Informação.
Frequência de coleta dos dados	Anual.
Frequência de comunicação dos resultados de medição	Anual.
Revisão de medição	Realizar a análise crítica anual.
Período de medição	Anual.
Legenda da tabela de medição de indicadores	
• **Nome da ação de Segurança da Informação** – Nome do projeto SI em conformidade com o Plano Estratégico de Segurança da Informação. • **Identificador numérico** – Identificador numérico único específico da organização e conformidade com as ações do Plano Estratégico de Segurança da Informação. • **Propósito do modelo de medição** – Descreve as razões para introduzir a medição. • **Objeto de medição** – Objeto que é caracterizado através da medição de seus atributos. Um objeto pode incluir processos, planos, projetos, recursos, sistemas ou componentes de sistemas.	

- **Atributo** – Propriedade ou característica de um objeto de medição, que pode ser distinguida quantitativamente ou qualitativamente por meios manuais ou automatizados.
- **Medição básica** – Uma medição básica é definida em termos de um atributo e o método de medição especificado para quantificá-lo – por exemplo, número de pessoas treinadas, número de localidades, custo acumulado até a data. Assim que um dado é coletado, um valor é atribuído a uma medida básica.
- **Método de medição** – Sequência lógica de operações usada na quantificação de um atributo em relação a uma escala especificada.
- **Cliente da medição** – Comitê de SI ou parte interessada que solicita ou exige informações sobre a eficácia da ação de Segurança da Informação, dos controles ou grupo de controles.
- **Responsável pela análise crítica da medição** – Pessoa ou entidade da organização que valida se os modelos de medição desenvolvidos são apropriados para avaliar a eficácia da ação de Segurança da Informação, de controles ou grupo de controles.
- **Proprietário da informação** – Pessoa ou entidade da organização que possui a informação de um objeto de medição e atributos e é responsável pela medição.
- **Responsável por coletar o indicador** – Pessoa ou entidade da organização responsável pela coleta, registro e armazenamento dos dados.
- **Comunicador do indicador** – Pessoa ou entidade da organização responsável pela análise dos dados e comunicação dos resultados da mediação.
- **Frequência de coleta dos dados** – Com que frequência os dados são coletados.
- **Frequência de análise de dados** – Com que frequência os dados são analisados.
- **Frequência de relatos dos resultados de medição** – Data de revisão da medição (expiração ou renovação da validade da medição).
- **Período de medição** – Define o período sendo medido.

5.1.6 – Escritório de projetos de Segurança da Informação funcionando igual a um escritório de projetos

Conforme descrito no item 5.1.3, as ações de Segurança da Informação devem estar alinhadas com os objetivos de SI que contribuem para os objetivos estratégicos da organização.

Uma ação pode ser desmembrada em um ou mais projetos de Segurança da Informação, dependendo do seu conteúdo. Por exemplo, na ação 18, citada no item 5.1.3, poder-se-ia ter um projeto para elaboração do Plano de Administração de Crise; outro projeto para elaboração do Plano de Recuperação de Desastres; outro projeto para o Plano de Gerenciamento de Incidente; e um projeto final para consolidação de todos os planos, cujo nome é o Plano de Continuidade de Negócios.

Para administrar muitos projetos, é recomendável utilizar a gestão de projetos do PMI. O *Project Management Institute* (PMI) é a maior associação profissional de gerentes de projetos no mundo. Tem mais de vinte capítulos regionais, em mais de noventa países; e mais de trezentos mil membros em cerca de 150 países.

Para o PMI, uma organização só consegue atingir os seus objetivos estratégicos através de projetos. Segundo o PMI, "projeto é um esforço temporário empreendido para criar um produto, serviço ou resultado exclusivo. Por isso, tem início, meio e fim".

O gerenciamento de projetos é a aplicação de conhecimento, habilidades, ferramentas e técnicas às atividades do projeto, a fim de atender aos seus requisitos.

Mas como gerenciar diversos projetos ao mesmo tempo?

O PMI ensina que para gerenciar vários projetos ao mesmo tempo é necessário criar um Escritório de Projetos (PMO – *Project Management Office*), que é um corpo ou entidade organizacional formado por várias pessoas, às quais são atribuídas várias responsabilidades.

O Escritório de Projetos de Segurança da Informação pode ser composto por vários tipos e papéis, mas geralmente investe em três áreas principais:

- ✓ Metodologia única (evolução da metodologia, definição de conceitos, implantação e auditoria para fiscalizar o cumprimento da metodologia).

- ✓ Pessoas (treinamento em gerenciamento de projetos, *coaching* ou promovendo gerentes).

- ✓ Software de gestão de projetos (definição, implantação, gerenciamento e suporte para a ferramenta de gestão de projetos de Segurança da Informação).

Para consolidar o que foi apresentado neste item, segue uma figura que ilustra o Plano Estratégico de Segurança da Informação.

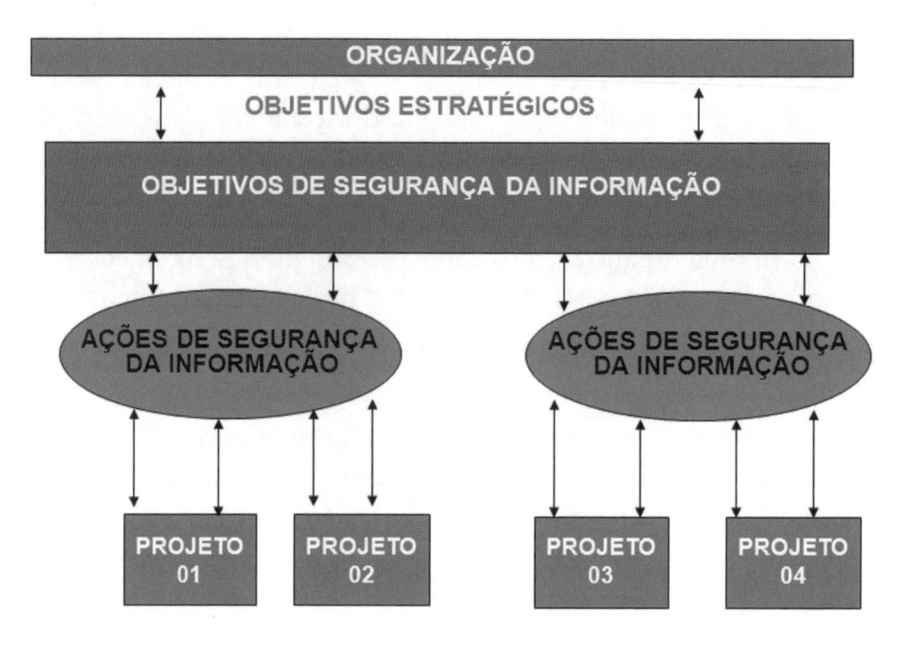

Figura 9. Desencadeamento dos objetivos de Segurança da Informação até a execução em forma de projetos.

5.1.7 – Período de planejamento

A implantação da Governança de Segurança da Informação por meio do Plano Estratégico de SI deverá ser estabelecida por meio de um planejamento modular, composto por três períodos distintos. Um PESI aumenta a probabilidade de que no futuro a organização conquiste o que foi idealizado na sua visão, proporcionando a direção certa a ser seguida.

O plano deve ser flexível, capaz de assimilar as novas ameaças e tecnologias que venham a surgir. Por isso, deve ser revisado ao final de cada fase para verificar se os objetivos e a estratégia ainda estão válidos e de acordo com as iniciativas do negócio.

Por ser mais fácil acompanhar a evolução do plano e considerando o nível de capacidade que se deseja atingir, cada período do plano deve compreender uma determinada fase. Segue um exemplo de planejamento dividido em três fases:

- ✓ **Primeira fase (curto prazo)** – Período de doze meses.
- ✓ **Segunda fase (médio prazo)** – Período de 24 meses.
- ✓ **Terceira fase (longo prazo)** – Período de sessenta meses.

Essa distribuição tem um sentido lógico de implantação dos projetos de Segurança da Informação. Na primeira fase, serão implantados os projetos emergenciais para mitigar riscos ou vulnerabilidades encontrados durante o diagnóstico e estruturar a área de SI na organização.

Na segunda fase, a organização está mais estruturada e já deve ter mitigado os seus principais riscos. Agora é hora de consolidar o plano através dos projetos de melhoria contínua, como, por exemplo, a criação de documentos normativos de Segurança da Informação, em conformidade com leis e regulamentos que a organização está obrigada a cumprir. Essa fase intermediária tende a ser mais longa do que as demais.

E na terceira fase, com a organização atingindo o nível de capacidade desejável, é hora de partir para os projetos mais críticos de serem implantados, como, por exemplo, o projeto de gestão de continuidade de negócios, onde todos os planos de continuidade deverão ser elaborados, com a participação de todo o efetivo da organização, nem que seja um simples exercício de simulação de incêndio.

A figura a seguir tem o objetivo de representar, graficamente, um resumo das ações propostas associadas a uma projeção dos resultados esperados ao longo do Plano Estratégico de Segurança da Informação e, também, de mostrar a consequente evolução temporal do nível de capacidade da organização.

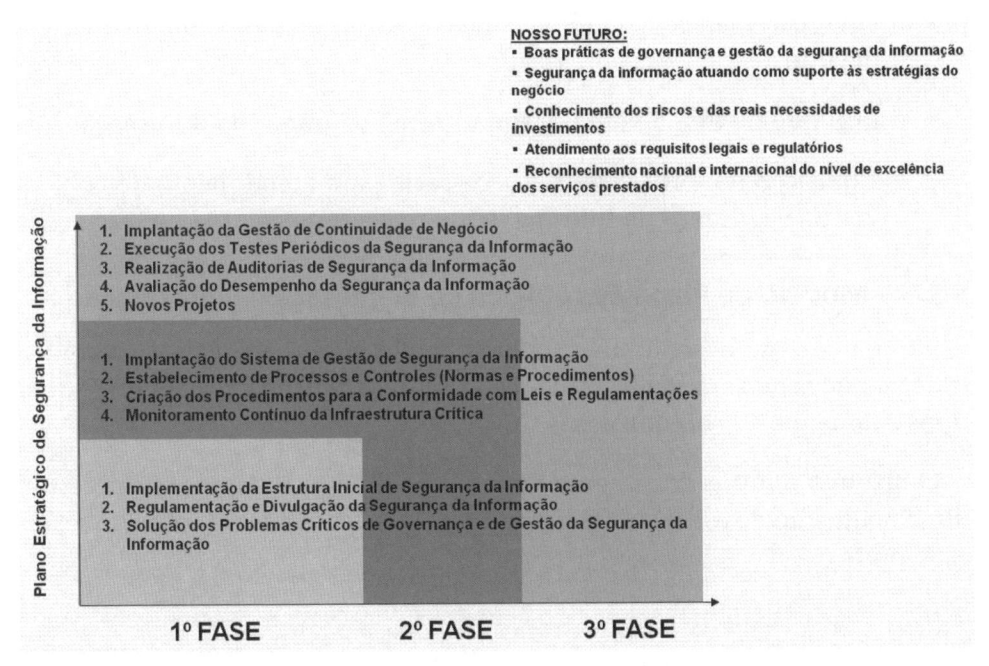

Figura 10. Evolução do Plano Estratégico de Segurança da Informação.

5.1.8 – Fatores críticos de sucesso

Para permitir ou aumentar a probabilidade de um processo ser concluído com sucesso pela organização, em nível estratégico e técnico a ser realizado, os fatores críticos de sucesso são o que há de mais importante. Eles devem ser expressos em termos de processo, e não de negócio.

Os fatores críticos de sucesso deverão possibilitar o alcance dos objetivos da Segurança da Informação, bem como nortear as avaliações dos resultados alcançados, servindo, também, como base para a elaboração dos indicadores de desempenho para medir a implantação do Plano Estratégico de Segurança da Informação. São eles:

- ✓ Apoio cultural, político e financeiro da organização no cumprimento da missão e no desenvolvimento das ações de SI.

- ✓ Estrutura de gerenciamento de Segurança da Informação com autoridade suficiente para implantar e controlar ações de SI de acordo com as necessidades da organização.

- ✓ Entendimento da Segurança da Informação como um reflexo do objetivo estratégico da organização.

- ✓ Divulgação eficiente da Segurança da Informação no âmbito da organização.

- ✓ Provisão de treinamento adequado em Segurança da Informação.

- ✓ Aquisição da infraestrutura necessária para atendimento dos objetivos da Segurança da Informação.

5.1.9 – Modelo de Plano Estratégico de Segurança da Informação

Neste item está descrito um modelo simples e genérico de um Plano Estratégico de Segurança da Informação, que pode ser utilizado por quaisquer tipos e tamanhos de organizações.

O objetivo é fornecer um guia para servir de referência. Ele fornece um direcionamento de tudo que foi demonstrado até aqui e serve como um exercício prático.

Tabela 30. Modelo de Plano Estratégico de Segurança da Informação.

ORGANIZAÇÃO					
ESCRITÓRIO DE SEGURANÇA DA INFORMAÇÃO					
LOGO	CÓDIGO DO REGISTRO		DATA	CLASSIFICAÇÃO	LOCALIDADE
	PESI – 001			RESERVADO	SÃO PAULO
ASSUNTO	Plano Estratégico de Segurança da Informação				
Elaborado por	ESI – Escritório de Segurança da Informação				
Revisado por	CISO – Chefe de Segurança da Informação				
Aprovado por	Comitê de Segurança da Informação				
Situação do plano	Aprovado para o período de 2014 a 2019				

1	DISPOSIÇÕES INICIAIS
	Este item descreve as informações de introdução. Outros itens podem ser incluídos dependendo da padronização de documentos de cada organização.
1.1	Finalidade
	Este documento tem por finalidade apresentar o Plano Estratégico de Segurança da Informação da organização.
1.2	Metodologia
	A metodologia foi descrita ao longo deste livro, e o processo de preparação do Plano Estratégico de Segurança da Informação englobou as seguintes etapas: 1. Reunião de entendimento do projeto e definição e escopo. 2. Planejamento das entrevistas da alta direção e entrevistas gerenciais. 3. Extração dos requisitos da entrevista com a alta direção – Capítulo 2. 4. Definição do Modelo de Governança de Segurança da Informação – Capítulo 2. 5. Mapeamento de áreas e componentes de negócio – Capítulo 3. 6. Diagnóstico de Governança de SI e de gestão de SI – Capítulo 2 e Capítulo 4. 7. Realização de análise e avaliação de riscos e teste de invasão – Capítulo 4. 8. Elaboração do plano estratégico de segurança da informação – Capítulo 5.
1.3	Termos e definições
	Este item descreve os principais termos e definições do PESI.
1.4	Requisitos legais
	Este item descreve a conformidade com os requisitos legais, atendidos pela organização, segundo a elaboração e aprovação do PESI. Pode-se descrever também quais são as boas práticas que estão sendo utilizadas para a elaboração do plano. Pode-se utilizar a bibliografia deste livro como referência.
2	DIAGNÓSTICO DA SEGURANÇA DA INFORMAÇÃO
	Neste item deve ser avaliada a atuação da Segurança da Informação hoje na organização, pois as ações de SI devem ter o foco no negócio para a correta proteção das informações. É imprescindível elencar os processos mais sensíveis.
2.1	Mapeamento da organização
	Neste item está descrito o mapeamento de áreas e processos da organização. Esse processo tem como resultado uma lista das áreas mais críticas que devem ter prioridade na implantação de ações de Segurança da Informação. Conforme demonstrado no item 3.2.3.

2.2	Análise sobre a Governança de SI

Neste item deve-se descrever o resultado da análise de capacidade e conformidade, de acordo com o que foi descrito nos itens 2.4.6 e 2.4.7 deste livro.
A conclusão dessa análise será utilizada para determinar onde a organização está situada de acordo com o modelo do COBIT 5, e aonde a organização deseja chegar no seu modelo de Governança de SI.

2.3	Análise sobre a gestão de SI

Neste item deve-se descrever o resultado da análise de capacidade e conformidade, de acordo com o descrito no item 4.3.1, utilizando a norma ABNT NBR ISO/IEC 27002:2013.

2.4	Análise e avaliação de riscos

Neste item são descritos o resultado da análise e a avaliação de riscos, conforme item 4.3.2.1.

2.5	Teste de invasão

Neste item deve-se descrever o resultado do teste de invasão executado nos ativos da infraestrutura crítica, conforme item 4.3.2.2.

2.6	Análise SWOT

Neste item devem ser descritos o resultado e a conclusão da análise SWOT. Veja item 5.1 para um exemplo.

3	POSICIONAMENTO ESTRATÉGICO DE SI

Neste item deverá ser descrito como a Segurança da Informação irá atuar na organização e onde ela ficará situada no seu plano estratégico.

3.1	Missão e visão

Seguem dois exemplos de missão e visão:
- **Missão** – Proteger as informações circulantes na organização, assegurando a continuidade dos sistemas de informação e suportando as ações de Tecnologia da Informação.
- **Visão** – Ser um referencial de Segurança da Informação para todas as áreas da organização e obter o reconhecimento nacional e internacional por manter índices elevados de SI em relação aos padrões exigidos.

3.2	Objetivos de Segurança da Informação

Neste item são descritos os objetivos de Segurança da Informação. Veja item 5.1.1 para um exemplo.

3.3	Matriz dos objetivos estratégicos X objetivos de SI

Este item deve alinhar os objetivos estratégicos da organização com os objetivos de Segurança da Informação.
Como premissa deve-se utilizar a seguinte pergunta: como os objetivos de Segurança da Informação podem contribuir com os objetivos estratégicos?
Veja o item 5.1.2 para um exemplo do alinhamento utilizando uma matriz.

4	IMPLANTAÇÃO DO PLANO ESTRATÉGICO DE SEGURANÇA DA INFORMAÇÃO

Neste item estão descritas as ações para implantação do Plano Estratégico de Segurança da Informação.

4.1	Plano de ação

Neste item devem ser descritas todas as ações dos objetivos de Segurança da Informação que serão implantadas no período do plano, conforme visto no item 5.1.3.

4.2	Período de planejamento

Neste item deve ser descrito qual o período de planejamento do plano e suas metas e perspectivas de futuro, conforme visto no item 5.1.7.

4.2	Fatores críticos de sucesso
Neste item devem ser descritos todos os fatores críticos de sucesso para a implantação e manutenção do plano. Veja exemplos no item 5.1.8.	
5	**APROVAÇÃO**
Neste item deve estar clara a aprovação do plano pelo comitê de SI.	
5.1	Aprovação do comitê de SI
Aprovado por: _____ Presidente do comitê de SI	

5.2 – Resumo executivo

- ✓ O Plano Estratégico de Segurança da Informação é necessário para gerenciar e direcionar todos os recursos de SI de acordo com as prioridades e a estratégia do negócio. O plano deve melhorar o entendimento das principais partes interessadas a respeito das limitações e das oportunidades de SI; avaliar o desempenho atual e esclarecer o nível de investimentos necessários.

- ✓ O plano deve responder a três perguntas:

    - ➢ **Onde estamos?** Análise de capacidade e conformidade de Governança, gestão de Segurança da Informação e Análise SWOT.

    - ➢ **Para onde vamos?** Objetivos estratégicos de Segurança da Informação e o resultado do PESI conforme o seu período de planejamento.

    - ➢ **Como chegaremos lá?** Plano de ação medido por indicadores e fatores críticos de sucesso.

- ✓ Para o desenvolvimento e a elaboração do plano foram utilizados ensinamentos destacados no capítulo 3, mapeamento de áreas e estudo de prioridade e de impacto. No capítulo 4, destacam-se a gestão de riscos e o teste de invasão, capaz de identificar as vulnerabilidades da organização.

- ✓ A metodologia de preparação do Plano Estratégico de Segurança da Informação englobou as seguintes etapas: planejamento das entrevistas da alta direção e entrevistas gerenciais; extração dos requisitos da entrevista com a alta direção; definição do modelo de Governança de Segurança da Informação; mapeamento de áreas e componentes de negócio; diagnóstico de Governança de SI e de gestão de SI; realização de análise e avaliação de riscos, e teste de invasão; e elaboração do Plano Estratégico de Segurança da Informação.

- ✓ Os objetivos de Segurança da Informação ilustrados como sugestões podem ser aplicados de forma genérica em qualquer organização, desde que se façam as adaptações necessárias ao negócio da organização durante a sua implantação.

- ✓ Foram destacados, com exemplos, algumas técnicas de planejamento, análise e tomada de decisão que poderão ser úteis na elaboração do Plano Estratégico de Segurança da Informação:

    > Análise SWOT

    > BSC – *Balanced Scorecard*

    > Gestão de projetos

- ✓ No final deste capítulo foi apresentado um modelo de plano genérico, de exemplo para o desenvolvimento e a implantação em qualquer tipo de organização.

Capítulo 6
Família da ISO 27000

6.1 – Um pouco de história

A ISO 17799 e a *British Standard* 7799 foram as primeiras normas internacionais de Segurança da Informação utilizadas no mundo.

Como surgiram essas normas? Por que são amplamente conhecidas e utilizadas por diversas organizações e em vários modelos de negócio do mundo?

Embora o conceito de uma série de documentos de SI só tenha sido concebido e publicado em 2005, algumas das normas já existiam antes. A história contada a seguir mapeia os principais desenvolvimentos de normas em ordem cronológica.

O DTI (*Departament of Trade and Industry*), mais precisamente a sua área intitulada *Commercial Computer Security Centre*, conhecida pela sigla CCSC e localizada no Reino Unido, foi fundado em 1987 e foi o primeiro órgão internacional a ter atenção especial de elaborar e divulgar uma norma de Segurança da Informação. Esse departamento tinha várias responsabilidades importantes na área.

A primeira delas foi ajudar os fornecedores de produtos de segurança de Tecnologia da Informação, elaborando um conjunto de critérios e requisitos que pudessem proporcionar a avaliação em SI, e uma forma de certificar as empresas inglesas do setor. A primeira responsabilidade levou à criação do que ficou conhecido como ITSEC (*The Information Technology Security Evaluation Criteria*). A segunda responsabilidade era elaborar um código de boas práticas que apoiasse a implementação de ações de Segurança da Informação. Essas ações poderiam ser executadas através de controles de SI.

Esse objetivo levou à publicação de um documento conhecido como DISC PD003, organizado em dez seções, com vários objetivos de controles de Segurança da Informação. A norma foi publicada pela DTI no ano de 1989, depois de aproximadamente dois anos de pesquisa e elaboração.

Finalmente, após um período de consulta pública, em 1995 a norma foi publicada pelo *British Standards Institution* com o nome de BS7799:1995, que tem a função de ser um corpo nacional de padrões (*National Standards Body* – NSB) para o Reino Unido, parecido com a função da ABNT no Brasil.

Havia uma preocupação do governo do Reino Unido quanto à forma de saber se uma determinada organização que adotou a norma estava colocando em prática ou não as recomendações previstas na BS7799:1995. Como um auditor do governo poderia aprovar ou reprovar a implantação dos controles de SI recomendados na norma?

Daí veio a necessidade de criar o código de boa prática, ou seja, de recomendações de como implantar os controles de Segurança da Informação. Logo esse código passou a ser chamado de BS7799:1995-1 (parte 1) e, em fevereiro de 1998, publicou-se a BS7799:1998-2 (parte 2).

A parte 2 tem como objetivo estabelecer o conjunto essencial de controles que deveriam ser implantados, para garantir que as recomendações do código de práticas estavam sendo seguidas. Assim seria possível, inclusive, certificar as organizações que conseguissem implementar os controles de SI propostos pela norma.

Essa certificação era feita através de um processo de auditoria, que explicita exatamente o que uma organização e o auditor precisavam fazer, a fim de assegurar a certificação com sucesso. Nesse processo, o auditor constatava a eficácia e a eficiência do controle de Segurança da Informação implementado.

A criação da parte 2 da norma levou à conclusão de que o conceito de um SGSI (Sistema de Gestão de Segurança da Informação) é, talvez, de muito maior importância que o código de prática. Pela inclusão de uma variedade de processos de melhoria contínua, um SGSI permite que os responsáveis tenham ferramentas para monitorar e controlar seus sistemas de Segurança da Informação, minimizando, assim, o risco do negócio e garantindo que a segurança cumpra o objetivo estratégico da organização com conformidade legal.

Após a publicação da BS7799:1999 parte 1, em abril de 1999, se propôs à ISO (*Internacional Organization for Standardization*), em outubro do mesmo ano, que homologasse a norma, gerando uma ISO equivalente que tivesse validade em todo o mundo, não somente no Reino Unido. Em outubro de 2000, foram aprovadas oito pequenas alterações ao texto BS7799:1999. Em 1º de dezembro de 2000 a norma foi publicada como ISO/IEC 17799:2000.

Já a BS7799:1998 parte 2 não foi homologada pela ISO. Realizou-se, entretanto, um trabalho para adequá-la e harmonizá-la com os padrões estabelecidos pela norma ISO 9001:2000, referente ao sistema de gestão de qualidade; pela ISO 14000:1996, que se refere ao sistema de gestão ambiental, introduzindo, também, o conceito de gestão do sistema de Segurança da Informação baseado no PDCA (*Plan, Do, Check, Act*). Como resultado, em 2002 foi publicada a norma BS7799:2 parte 2.

A *Internacional Organization for Standardization* continuou evoluindo o código de práticas de SI. A já mencionada ISO/IEC 17799:2000 gerou a publicação, em 2005, da ISO/IEC 17799:2005. Nessa versão, os objetivos de controles e os controles de Segurança da Informação são estruturados de forma mais distinta, separando os requisitos, a forma de implantação e as informações adicionais. Apesar disso, até essa data, a norma utilizada como base para a certificação continuou sendo a BS7799:2002 parte 2.

A série de padrões ISO/IEC 27000 surgiu com o objetivo de auxiliar as organizações e padronizar a norma em todo o mundo, por meio de um código de boas práticas para implantação e manutenção da SI.

No ano de 2005 no Brasil, a ABNT (Associação Brasileira de Normas Técnicas) traduziu e publicou a ABNT NBR ISO/IEC 27002:2005 Tecnologia da Informação – Técnicas de Segurança – Código de prática para a gestão de Segurança da Informação, que é a tradução da antiga ISO/IEC 17799:2005.

No ano de 2006, a ABNT traduziu e publicou a ABNT NBR ISO/IEC 27001:2006 Tecnologia da informação – Técnicas de Segurança – Sistemas de Gestão de Segurança da Informação – Requisitos. Essa norma acabou substituindo a BS7799:2002-2 no processo de certificação dos sistemas de gestão de SI.

No ano de 2013 foram publicadas as novas versões da ISO/IEC 27001 e ISO/IEC 27002.

6.2 – Breve resumo das normas da família ISO/IEC 27000

Segue adiante uma pesquisa realizada para servir de guia e ajudar na escolha das normas que poderão fazer parte das melhores práticas na implantação da Governança de Segurança da Informação. Essas normas estão resumidas de acordo com as descrições encontradas nos órgãos oficiais da ISO e que possuem versão brasileira, publicada pela Associação Brasileira de Normas Técnicas.

- ✓ **ISO/IEC 27000:2012.** Contém termos e definições utilizados ao longo da série 27000. A aplicação de qualquer norma exige um vocabulário claramente definido que evite diferentes interpretações de conceitos técnicos e de gestão.

- ✓ **ABNT NBR ISO/IEC 27001:2006.** Esta norma promove a adoção de uma abordagem de processo para estabelecer, implementar, operar, monitorar, analisar criticamente, manter e melhorar o SGSI. A norma ABNT NBR ISO/IEC 27001:2006 adota o modelo conhecido como "Plan-Do-Check-Act" (PDCA), que é aplicado para estruturar todos os processos do SGSI. Além disso, como descrito anteriormente, esta norma permite que organizações no mundo todo possam certificar suas práticas de gestão de Segurança da Informação.

- ✓ **ABNT NBR ISO/IEC 27002:2005.** Nesta norma temos sintetizada uma série de controles de Segurança da Informação considerados eficazes, compreendendo um conjunto de boas práticas. Como o esforço de implementação de todos os 133 controles descritos é considerado uma ação dispendiosa para as organizações, descreve-se a seguir um resumo de cada seção da norma ISO/IEC 27002:2005. Assim as organizações podem se basear naqueles controles que fazem parte do seu contexto interno e externo, antes de partir para implantação de toda norma.

    - ➢ **05 – Política de Segurança da Informação.** A política de SI é um mecanismo preventivo de proteção dos dados e processos importantes de uma organização, definindo um padrão a ser seguido pelo corpo técnico e gerencial e pelos usuários internos ou externos, ou seja, todos os funcionários devem seguir os seus preceitos. Pode ser usada para definir as interfaces entre usuários, fornecedores e parceiros e para medir a qualidade e a Segurança da Informação dos sistemas atuais. Essa política é um conjunto de regras que determina qual deve ser o comportamento das pessoas que se relacionam com a organização, no que se refere ao tratamento da informação. Deve ser um documento simples e de fácil entendimento, deve ser claro e conciso, pois será lido por todas as pessoas que têm algum vínculo com a organização e por todos os níveis hierárquicos. A alta direção deve demonstrar comprometimento e apoio à política de Segurança da Informação como instrumento para a proteção das informações organizacionais, objetivando a continuidade das operações e a confiança da comunidade envolvida em seus processos. Essa política de SI também deve ser divulgada a todos, bem como analisada e revisada criticamente, em intervalos regulares ou quando mudanças se fizerem necessárias.

> **06 – Organizando a Segurança da Informação.** Para implementar a SI em uma organização é necessário que seja estabelecida uma estrutura para gerenciá-la (essa estrutura é apresentada no capítulo 5 deste livro). Para isso, as atividades de Segurança da Informação devem ser coordenadas por representantes de diversas partes da organização, com funções e papéis relevantes. Todas as responsabilidades pela SI também devem estar claramente definidas. É importante ainda que sejam estabelecidos termos de confidencialidade para proteger as informações de caráter confidencial e as que são acessadas, divulgadas, processadas ou gerenciadas por partes externas, tais como terceiros e clientes.

> **07 – Gestão de Ativos.** A gestão (e classificação) dos ativos de informação é uma etapa importante no processo de garantia de Segurança da Informação. Gerenciar os ativos de informação envolve inventariar, definir o grau de relevância e identificar esses ativos de informação. Esse processo, além de estruturar e permitir uma gestão mais eficiente desses ativos de informação, contribui significativamente para a análise e o tratamento de riscos de SI. Ativo, de acordo com a norma, "é qualquer coisa que tenha valor para a organização". Gestão de ativos de informação significa proteger e manter os ativos da organização. Para que eles sejam devidamente protegidos, devem ser primeiramente identificados e levantados, com proprietários também identificados e designados, de tal forma que um inventário de ativos possa ser estrutu-

rado e posteriormente mantido. As informações e os ativos ainda devem ser classificados, conforme o nível de proteção recomendado para cada um deles, e seguir regras documentadas que definem qual o tipo de uso lhes é permitido. Deve-se também criar uma metodologia de classificação dos ativos de informação.

> 08 – **Segurança em Recursos Humanos.** As pessoas são o elemento central de um sistema de gestão Segurança da Informação (SGSI). Antes de realizar a contratação de um funcionário ou mesmo de fornecedores e terceiros, é importante que a atribuição de responsabilidade de Segurança da Informação já tenha sido feita da forma adequada. Portanto, as descrições de cargo e os termos e condições de contratação devem ser explícitos, especialmente no que tange às responsabilidades de SI. É importante, também, que quaisquer candidatos sejam devidamente analisados, principalmente se lidarem com informações de caráter sigiloso. A intenção aqui é mitigar o risco de roubo, fraude ou mau uso dos recursos, entre outras ameaças. Durante o trabalho é fundamental treinar, educar e conscientizar todos os funcionários da organização. Essas três ações são essenciais para o sucesso de um sistema de gestão de Segurança da Informação. A comunicação de encerramento das atividades, seja demissão, afastamento, aposentadoria ou outros, deve incluir os requisitos de SI e as responsabilidades dos colaboradores que excedam o período de trabalho, como, por exemplo, os termos de confidencialidade e a devolução de ativos de informação.

> 09 – **Seguranças Física e do Ambiente.** As instalações de processamento de informação críticas ou sensíveis devem ser mantidas em áreas seguras. É o espaço físico que precisa ser protegido contra as ameaças e vulnerabilidades que poderiam gerar um incidente de Segurança da Informação, com níveis e controles de acesso apropriados, incluindo proteção física. Essa proteção deve ser compatível com os riscos previamente identificados. Os equipamentos também devem ser protegidos contra ameaças físicas e ambientais, incluindo aqueles utilizados fora do local da organização. Não adianta, por exemplo, implementar controles de acesso lógico, se é possível um criminoso entrar no *datacenter* da organização e ter acesso direto ao servidor onde estão as informações sigilosas.

> **10 – Gerenciamento das Operações e Comunicações.** Cada vez mais a Tecnologia da Informação se integra aos processos organizacionais, gerando impacto nos resultados. Isso quer dizer que o negócio das organizações, em todos os níveis, pode ser beneficiado ou prejudicado pelas operações de TI. Garantir a boa gestão das operações básicas de Tecnologia da Informação é essencial para manutenção da Segurança da Informação. É por isso que os procedimentos e as operações em TI precisam ser bem documentados, mantidos atualizados e disponíveis a todo o efetivo da organização, e não somente ao pessoal técnico. Por isso, o quanto antes, é preciso ficar claro para todos os funcionários como devem ser utilizados os ativos de informação. É de suma importância que estejam definidos os procedimentos e as responsabilidades pela gestão e operação de todos os recursos de processamento das informações. Além disso, deve-se utilizar sempre que possível a segregação de funções (recomenda-se que uma pessoa realize uma ou algumas partes de um processo, mas não todas), visando reduzir o risco de mau uso ou uso indevido dos sistemas de informação.

> **11 – Controle de Acessos (Lógico e Físico).** O controle de acesso à informação deve ser feito em algum nível, sempre de acordo com os requisitos de Segurança da Informação e contribuindo de alguma forma com o negócio da organização. Para garantir que essas premissas estejam presentes nas medidas de controle de acesso, deve-se elaborar uma política de controle de acesso, que apontará para os requisitos de negócio e para as regras de controle. Portanto, deve ser assegurado o acesso de usuário autorizado e prevenido o acesso não autorizado a sistemas de informação. Para isso, deve haver procedimentos que englobem desde o cadastro inicial de um novo usuário até o cancelamento final do seu registro, garantindo assim que já não possuem mais acesso a sistemas de informação e serviços.

> **12 – Aquisição, Desenvolvimento e Manutenção de Sistemas de Informação.** Sistemas de informação incluem sistemas operacionais, infraestrutura, aplicações de negócios, produtos, serviços e aplicações desenvolvidos por fornecedores e pelo usuário. Por essa razão, os requisitos de SI de sistemas de informação devem

ser identificados e acordados antes do seu desenvolvimento e/ou de sua implantação, mantendo um processo estabelecido em diferentes níveis de desenvolvimento, homologação e entrada em produção. As informações devem ser protegidas visando a manutenção de sua confidencialidade, autenticidade ou integridade, por meios de controles de Segurança da Informação que podem vir a incluir criptografia.

> **13 – Gestão de Incidentes de Segurança da Informação.** Deve-se assegurar que eventos de SI sejam o mais rapidamente possível divulgados para a equipe responsável pelo tratamento de incidentes, de tal forma que a tomada de ação corretiva ocorra em tempo hábil. Para isso, devem ser estabelecidos procedimentos formais de registro e escalonamento, tratamento e resposta; além disso, todos os funcionários da organização, fornecedores e terceiros devem estar conscientes acerca dos procedimentos para notificação dos diferentes tipos de incidentes de Segurança da Informação. Todos os relatos de incidentes de SI, suspeitos e de supostas fragilidades no sistema de gestão, devem ser devidamente averiguados, e aqueles que fizeram esses relatos devem ser notificados das providências adotadas ou de que pelo menos alguma providência foi tomada para a resolução do incidente

> **14 – Gestão da Continuidade do Negócio.** Deve-se impedir a interrupção das atividades relevantes do negócio, proteger os processos críticos contra efeitos de falhas ou desastres significativos e assegurar que a sua retomada ocorra em tempo hábil. Para isso, a gestão de continuidade do negócio, incluindo controles para identificar e reduzir riscos, deve ser desenvolvida e implementada, visando assegurar que as operações essenciais sejam rapidamente recuperadas. Essa gestão se faz com um conjunto de planos emergenciais a serem adotados na eventualidade da ocorrência de um determinado incidente grave de SI. Entre esses planos, estão o Plano de Gerenciamento de Incidente e o Plano de Continuidade de Negócios.

> **15 – Conformidade.** Deve-se evitar a violação de qualquer lei criminal ou civil, estatutos, regulamentações ou obrigações contratuais e de quaisquer requisitos de Segurança da Informação. É muito importante que todo o sistema de gestão de SI, com todos

os seus controles, estejam em plena harmonia e conformidade com leis internacionais, nacionais, estaduais, municipais e com as eventuais regulamentações internas da organização, bem como orientações de normatização e regulamentação do mercado onde a organização atua.

- ✓ **ABNT NBR ISO/IEC 27003:2011.** Esta norma fornece orientação de implementação para ajudar quem aplica as normas da família ISO 27000. Ela descreve o processo de especificação e design do sistema de gestão de Segurança da Informação, desde a concepção até a produção de planos de implementação do projeto, abrangendo as atividades de planejamento e preparação para aplicação efetiva do SGSI.

- ✓ **ABNT NBR ISO/IEC 27004:2010.** Esta norma destina-se a ajudar as organizações a medir, informar e, portanto, sistematicamente melhorar a eficácia dos seus sistemas de gestão da Segurança da Informação. Contém indicadores e forma de medir a eficiência e a eficácia do SGSI.

- ✓ **ABNT NBR ISO/IEC 27005:2011.** Esta norma estabelece diretrizes para gestão de riscos de Segurança da Informação. Ela suporta os conceitos gerais especificados na norma ABNT NBR ISO/IEC 27001:2006 e é projetada para auxiliar a implementação satisfatória da SI baseada em uma abordagem de gestão de risco. O processo de gestão de riscos é composto pelas seguintes atividades:

  ➤ Definição do contexto

  ➤ Análise e avaliação de riscos

  ➤ Tratamento dos riscos

  ➤ Aceitação dos riscos

  ➤ Monitoramento e análise crítica de riscos

  ➤ Comunicação dos riscos

- ✓ **ISO/IEC 27006:2011.** Esta norma especifica os requisitos gerais para organizações serem creditadas em certificar o SGSI, ou seja, determina quais empresas podem ser organismo certificador de sistema de gestão de Segurança da Informação, estabelecendo competência e confiabilidade ao processo.

- **ABNT NBR ISO/IEC 27007:2012.** Esta norma fornece diretrizes sobre como gerenciar um programa de auditoria de sistemas de gestão da Segurança da Informação (SGSI) e sobre como executar as auditorias e a competência de auditores de SGSI, em complementação às diretrizes descritas na ABNT NBR ISO 19011. Ela é aplicável a todos que necessitam entender ou realizar auditorias internas ou externas de um SGSI ou ainda gerenciar um programa de auditoria de SGSI.

- **ISO/IEC TR 27008:2011.** Esta norma fornece orientações sobre a análise da implementação e operação de controles, incluindo a verificação de conformidade técnica dos controles do sistema de informação, de acordo com as normas estabelecidas de Segurança da Informação de uma organização.

- **ISO/IEC 27010:2012.** Esta norma fornece diretrizes, além de orientação dada na família 27000 de padrões, para implantação de gestão de SI dentro das comunidades de compartilhamento de informações, além de fornecer orientações e controles específicos relativos a iniciar, implantar, manter e melhorar a Segurança da Informação nas comunicações interorganizacionais e entre setores dentro da organização.

- **ISO/IEC 27011:2008.** Esta norma fornece diretrizes gerais que suportam a implementação da gestão de Segurança da Informação em organizações de telecomunicações.

- **ISO/IEC 27013:2012.** Esta norma fornece diretrizes sobre a execução integrada da ABNT NBR ISO/IEC 27001:2006 e ABNT NBR ISO/IEC 20000-1:2011 Tecnologia da informação — Gestão de serviços Parte 1: Requisitos do sistema de gestão de serviços, para as organizações que estão pretendendo:

    - implantar a ABNT NBR ISO/IEC 27001:2006, quando a norma ABNT NBR ISO/IEC 20000-1:2011 já está implementada, ou vice-versa;

    - implantar as normas ABNT NBR ISO/IEC 27001:2006 e ABNT NBR ISO/IEC 20000-1:2011 ao mesmo tempo;

    - integrar os sistemas de gestão existentes ABNT NBR ISO/IEC 27001:2006 e ABNT NBR ISO/IEC 20000-1:2011.

A norma ISO/IEC 27013:2012 concentra-se exclusivamente na implementação integrada de ABNT NBR ISO/IEC 27001 e ABNT NBR ISO/IEC 20000-1:2011.

- ✓ **ABNT NBR ISO/IEC 27014:2013.** Esta norma fornece orientação sobre conceitos e princípios para a Governança de Segurança da Informação, pela qual as organizações podem avaliar, dirigir, monitorar e comunicar as atividades relacionadas com a SI dentro da organização.

- ✓ **ISO/IEC TR 27015:2012.** Esta norma fornece diretrizes de Segurança da Informação complementares e de controles de SI definidos na norma ABNT NBR ISO/IEC 27002:2005 para iniciar, implementar, manter e melhorar a segurança dentro das organizações de prestação de serviços financeiros.

- ✓ **ISO/IEC TR 27019:2013.** Esta norma fornece princípios orientadores com base na ABNT NBR ISO/IEC 27002:2005 para a gestão de Segurança da Informação aplicada a sistemas de controle de processo, usado no setor de serviços públicos de energia. O objetivo da norma ISO/IEC TR 27019:2013 é estender à família 27000 o conjunto de normas para o domínio de sistemas de controle de processos e tecnologia de automação, permitindo assim que o setor de serviços públicos de energia implemente um sistema de gestão de Segurança da Informação (SGSI), em conformidade com a norma ABNT NBR ISO/IEC 27001:2006, que se estende a partir do negócio para o nível de controle de processo.

- ✓ **ISO/IEC 27031:2011.** Esta norma descreve os conceitos e princípios da Tecnologia de Informação e Comunicação (TIC) para a continuidade dos negócios e fornece uma estrutura de métodos e processos para identificar e especificar todos os aspectos (como os critérios de desempenho, design e implementação) para melhorar a prontidão dos ativos de TIC de uma organização e para garantir a continuidade dos negócios.

- ✓ **ISO/IEC 27033-1:2009.** Esta norma fornece uma visão geral de segurança de rede e definições relacionadas. Ela define e descreve os conceitos associados, e fornece orientação sobre segurança de rede (segurança de rede se aplica à segurança dos dispositivos das atividades de gestão relacionadas com os ativos de aplicações/serviços e usuários finais, além de garantir a Segurança da Informação que está sendo transferida através dos links de comunicação).

- ✓ **ISO/IEC 27033-2:2012.** Esta norma fornece orientações para as organizações no ato de planejar, projetar, implementar e documentar a segurança da rede.

- ✓ **ISO/IEC 27033-3:2010.** Esta norma descreve as ameaças, técnicas de design e questões de controle associados aos cenários de rede. Para cada cenário, fornece orientações detalhadas sobre as ameaças de Segurança da Informação e as técnicas de projeto de segurança e controles necessários para mitigar os riscos associados.

- ✓ **ISO/IEC 27033-5:2013.** Esta norma fornece as diretrizes para a seleção, implementação e monitoramento dos controles técnicos necessários para fornecer segurança de rede usando conexões de rede virtual privada (*Virtual Private Network* – VPN) para interligar redes e conectar usuários remotos.

- ✓ **ISO/IEC 27037:2012.** Esta norma fornece orientações para atividades específicas na manipulação de evidências digitais, que são: identificação, coleta, aquisição e preservação de evidências digitais em potencial, que podem ser de valor probatório para facilitar o intercâmbio entre jurisdições.

- ✓ **ISO 27789:2013.** Esta norma especifica os padrões de requisitos para as trilhas de auditoria de registros eletrônicos de saúde, em termos de eventos de disparo e dados de auditoria, para manter o conjunto completo de informações pessoais de saúde passível de acompanhamento em sistemas de informação.

- ✓ **ISO 27799:2008.** Esta norma define as diretrizes para apoiar a sua interpretação e aplicação na área de Tecnologia da Informação da ISO/IEC 27002 para as organizações cujos processos de negócios estão englobados à área de saúde, fornecendo orientação específica de forma clara e concisa durante a seleção e implementação dos controles da ISO 27002. Esta norma visa garantir um nível mínimo de Segurança da Informação requerido, que seja apropriado para manter a confidencialidade, a integridade e a disponibilidade das informações pessoais de saúde.

6.3 – Evolução da família 27000

De acordo com o processo de melhoria contínua estabelecido na gestão das normas de Segurança da Informação, a versão atualizada das normas ISO/IEC 27001 e ISO/IEC 27002, publicada em 2013 pela *International Organization for Standardization*, é a primeira que entra em vigor.

Depois de quase oito anos desde a primeira publicação das normas internacionais de SI, muita coisa mudou no mundo, a tecnologia evolui drasticamente a cada ano e novas ameaças, vulnerabilidades e riscos associados à computação em nuvem, grande armazenamento de dados e maior velocidade de conexão de internet se tornaram parte das questões que devem ser tratadas pela Segurança da Informação. Além disso, aumentou a preocupação sobre segurança cibernética.

Nesse período, todo o conhecimento adquirido pelos usuários que tenham implementado ou procurado implantar um Sistema de Gestão de Segurança da Informação, conforme descrito na ISO/IEC 27001:2006, foi reunido por um grupo de trabalho da ISO em melhores práticas, já adicionado nas normas em 2013.

Os principais benefícios dessa nova norma atualizada é proporcionar uma abordagem simplificada, mais flexível, que deve levar a uma gestão de riscos mais eficaz do Sistema de Gestão de Segurança da Informação.

Foram feitas várias melhorias nos controles de Segurança da Informação, listadas no Anexo A da ISO/IEC 27001:2013. A nova norma está alinhada à estrutura de alto nível usada em todas as normas de sistema de gestão. Por exemplo, uma organização pode querer integrar o seu sistema de SI (ISO/IEC 27001) com outros sistemas de gestão, tais como o sistema de gestão de continuidade de negócio (ISO/IEC 22301), gerenciamento de serviços de TI (ISO/IEC 20000-1) ou qualidade (ISO 9001), de forma mais facilitada.

6.3.1 – O que mudou para a ISO/IEC 27001:2013?

Ao adotar a nova norma atualizada, as organizações terão agora a possibilidade de basear o escopo de seu SGSI (Sistema de Gestão de Segurança da Informação) em questões e objetivos mais significativos para o ambiente de risco da organização. O conceito de determinar o nível de risco com base em consequências e probabilidade permanece o mesmo. Além disso, a metodologia de Avaliação de Risco não precisa ser documentada; embora o processo de avaliação precise ser definido com antecedência, o conceito de proprietário do ativo não é mais utilizado. Um novo termo é usado: "donos de risco". Isso leva a crer que a responsabilidade pela gestão de riscos no SGSI está num nível mais elevado, a alta direção da organização.

A atualização da norma leva em consideração as dependências entre a organização e as empresas que prestam serviços para ela. Esse é um componente crítico para as organizações que têm relações com terceiros que fornecem um sistema ou serviço crítico. Dessa forma, presume-se que a organização terá uma maior aceitação e compreensão das limitações de escopo referentes às relações com empresas terceirizadas e suas dependências com elas.

Uma grande mudança foi o alinhamento com a ABNT NBR ISO/IEC 27004:2010 e a inclusão de requisitos específicos para a definição de objetivos claros, a definição de responsabilidade de quem irá medir esses objetivos e quem deverá avaliar e analisar os resultados encontrados.

As ações corretivas e preventivas do processo de auditoria do SGSI também sofreram alterações. As ações preventivas estão sendo tratadas durante a avaliação e o tratamento de riscos, onde já era para terem sido identificadas quais ações preventivas devem ser implementadas para tratar os riscos identificados. Além disso, é feita uma distinção entre as correções que são feitas como uma resposta direta a uma não conformidade do processo de auditoria e as ações corretivas que são feitas para eliminar a causa de uma não conformidade.

Para fazer um alinhamento ao processo já descrito na ABNT NBR ISO/IEC 27014:2013, um processo importante de comunicação foi incluído nessa nova versão da norma ISO/IEC 27001:2013, fazendo referências às responsabilidades do que precisa ser comunicado, quando, por quem e por quais meios será feita a comunicação. Dessa forma é possível comunicar todas as ações, resultados e contribuições que a Segurança da Informação trará ao negócio compartilhando as responsabilidades com todos na organização.

A abordagem da nova versão para a definição do escopo fornece orientação mais dirigida sobre as considerações necessárias, que devem, finalmente, formular um escopo mais fundamentado e específico, levando assim a um processo de implementação bem definido para as bases do SGSI. Organizações no processo de planejamento de seu SGSI podem ter a oportunidade de reavaliar sua abordagem de implementação, caso surjam dificuldades na definição do escopo.

Veja a seguir uma comparação entre as versões do padrão de 2006 e 2013:

Tabela 31. Comparativo entre a versão de 2005 e a de 2013.

ISO/IEC 27001:2005 Estabelecer o SGSI	ISO/IEC 27001:2013 Contexto da Organização

Definir o escopo e os limites do SGSI nos seguintes termos:
• características do negócio;
• organização;
• a sua localização;
• ativos e tecnologia; e
• detalhes e justificativas para quaisquer exclusões do escopo.
	• Determinar as questões internas e externas que são relevantes para a sua finalidade e que afetam a capacidade de atingir o resultado pretendido pelo SGSI.
	• Determinar as partes interessadas que são relevantes para o SGSI e seus requisitos relevantes para a segurança da informação.
	• Determinar os limites e a aplicabilidade do SGSI para estabelecer o seu alcance. Considere o seguinte:
	  o as questões externas e internas previamente determinadas;
	  o os requisitos previamente observados das partes interessadas; e
	  o interfaces e dependências entre as atividades realizadas pela organização, e aquelas que são realizadas por outras organizações.

Como esperado, a nova ISO/IEC 27001:2013 estará em conformidade com a estrutura padrão da ISO e IEC, a fim de estar alinhada com todas as outras normas. Então, aqui estão as principais seções futuramente vistas em todas as normas de sistema de gestão:

✓ **Escopo.** Esta seção descreve o escopo da norma – embora reformulado e reordenado, sua essência permanece a mesma, especificando requisitos para estabelecer, implementar, manter e melhorar continuamente um Sistema de Gestão de Segurança da Informação, além de incluir requisitos para avaliação e tratamento de riscos de segurança da informação.

✓ **Referências normativas.** Esta seção contém a referência a ISO/IEC 27000:2012 – Tecnologia da informação – Técnicas de segurança – Sistemas de gestão de segurança da informação – Visão geral e vocabulário.

- ✓ **Termos e definições.** Esta seção contém apenas a referência à ISO/IEC 27000:2012 – Tecnologia da informação – Técnicas de segurança – Sistemas de gestão de segurança da informação – Visão geral e vocabulário.

- ✓ **Contexto da organização.** Esta seção descreve como a organização deve determinar as questões internas e externas que são relevantes para a sua finalidade e que afetam sua capacidade de alcançar o resultado pretendido pelo SGSI. Há uma nova nota que reforça a importância da gestão de risco com referência à norma ABNT NBR ISO 31000:2009, e as necessidades de compreender as expectativas das partes interessadas estão inclusas na nova versão da ISO 27001. Não há mais um requisito explícito para ser utilizado o modelo de melhoria contínua do ciclo PDCA (*Plan-Do-Check-Act*).

- ✓ **Liderança.** Esta seção expande o papel da alta direção na gestão de Segurança da Informação, que deve demonstrar a sua liderança e comprometimento. Já não é suficiente para a alta direção estar envolvida com a política do SGSI, objetivos e planos, fornecendo recursos e realizando revisões. Ela tem de alinhar a política e os objetivos com a direção estratégica da organização e também direcionar as responsabilidades para as pessoas apoiarem as ações de Segurança da Informação, para contribuir com a eficácia e eficiência do SGSI.

- ✓ **Planejamento.** Esta seção descreve as diretrizes para identificar os riscos e as oportunidades, para garantir que as informações do SGSI possam atingir o resultado pretendido, prevenir ou reduzir os efeitos dos riscos e alcançar a sua melhoria contínua. A definição de uma metodologia de avaliação e tratamento de riscos é descrita nesta seção. A declaração de aplicabilidade e o plano de tratamento de riscos permanecem na norma e estão descritos aqui também. Há um claro alinhamento com a ABNT NBR ISO/IEC 27014:2013, no que se refere à descrição de como planejar os objetivos de Segurança da Informação e de como implantar planos para alcançá-los.

- ✓ **Suporte.** Esta seção descreve quais são as atividades de apoio e suporte para o SGSI. Descreve que a organização deve determinar e prover recursos e competências necessárias das pessoas para o desempenho por intermédio da provisão de treinamento, educação e conscientização em Segurança da Informação. E determina que a organização deve implantar atividades de comunicação internas e externas com todas as partes interessadas. A necessidade obrigatória de registros e evidências foi substituída por informações documentadas. Descreve-se detalhadamente como se deve criar, controlar, atualizar, armazenar e disponibilizar essas informações para quem necessita utilizá-las.

✓ **Operação.** Esta seção descreve o planejamento operacional e o controle do SGSI, o desempenho de avaliação de risco e a implementação do plano de tratamento de riscos. Agora está explícito e claro que as avaliações de risco devem ser realizadas em intervalos planejados ou quando mudanças significativas vierem a ocorrer. Além disso, descreve que a organização deve armazenar os documentos dos resultados do plano de tratamento de riscos.

✓ **Avaliação de desempenho.** Esta seção descreve as atividades de auditoria interna e a análise crítica que deve ser realizada pela alta direção. Essas ações incluem: a medição, o monitoramento, a análise e avaliação, a auditoria e a revisão do SGSI para assegurar sua contínua aplicabilidade, sua eficácia e sua eficiência adequada.

✓ **Melhoria.** Esta ação descreve as ações corretivas de não conformidade, apresentando diretrizes para controlar, corrigir e lidar com suas consequências e seu impacto. Como descrito no item **Planejamento**, as ações preventivas estão englobadas na identificação de riscos e oportunidades e foram excluídas dessa nova versão da norma ISO 27001. Esta seção também trata da melhoria contínua, descrevendo a eficácia e eficiência do SGSI e a diretriz que a organização deve continuamente melhorar. Todas as ações descritas devem ter a sua informação documentada para posterior análise crítica e implantação das ações de melhoria contínua.

6.3.1.1 – Lista de documentos obrigatórios da ISO/IEC 27001, na versão 2013

A norma internacional ISO/IEC 27001:2013 é uma especificação formal para implantar um SGSI. A seguinte documentação obrigatória, ou melhor, "informação documentada" (na nova nomenclatura empregada pela norma), é explicitamente necessária para a sua implantação e consequente conquista da certificação do SGSI:

Tabela 32. Lista de documentos obrigatórios para a implantação da ISO/IEC 27001:2013.

Requisitos para a implantação da ISO/IEC 27001:2013
Escopo do SGSI (requisito da cláusula 4.3)
Política de Segurança da Informação (requisito da cláusula 5.2)
Avaliação de risco e metodologia de tratamento de risco (requisito da cláusula 6.1.2)
Processo de tratamento de riscos de Segurança da Informação (requisito da cláusula 6.1.3)
Declaração de aplicabilidade (requisito da cláusula 6.1.3 d)
Plano de tratamento de riscos (requisitos da cláusula 6.1.3)
Objetivos de Segurança da Informação e plano para alcançar os objetivos de SI (requisito da cláusula 6.2)
Definição de papéis e responsabilidades de Segurança da Informação (requisitos do Anexo A 7.1.2 e Anexo A 13.2.4)
Plano de treinamento em SI e a prova da competência das pessoas que trabalham em Segurança da Informação no SGSI (requisito da cláusula 7.2) Registros de formação, habilidades, experiência e qualificações (requisito da cláusula 7.2)
Plano de comunicação do SGSI (requisito da cláusula 7.4)
Informação documentada relacionada com o SGSI considerada necessária pela organização (requisito da cláusula 7.5.1 b)
Documento de controle de informação documentada (requisito da cláusula 7.5.3)
Documentos de planejamento e controle operacional (requisito da cláusula 8.1)
Inventário de ativos (requisito do Anexo A 8.1.1)
Uso aceitável dos ativos (requisito do Anexo A 8.1.3)
Relatório de avaliação de risco (requisito da cláusula 8.2)
Relatório final de tratamento de risco (requisito da cláusula 8.3)
Registro da medição e monitoramento de Segurança da Informação (requisito da cláusula 9.1)
Política de controle de acesso (requisito do Anexo A 9.1.1)
O programa de auditoria interna do SGSI e os resultados das auditorias realizadas (requisito da cláusula 9.2)
Relatório de análise crítica do SGSI (requisito da cláusula 9.3)
Relatório de não conformidades identificadas e ações corretivas decorrentes (requisito da cláusula 10.1)
Procedimentos operacionais para a gestão de TI (requisito do Anexo A 12.1.1)
Logs de atividades dos usuários, exceções e eventos de segurança (requisitos do Anexo A 12.4.1 e do Anexo A 12.4.3)
Princípios de engenharia de sistemas de segurança (requisito do Anexo A 14.2.5)
Política de segurança do fornecedor (requisito do Anexo A 15.1.1)
Procedimentos de gestão de incidentes (requisito do Anexo A 16.1.5)
Procedimentos de continuidade de negócios (requisito do Anexo A 17.1.2)
Requisitos legais, regulamentares e contratuais (requisito do Anexo A 18.1.1)
Observação: o anexo A da ISO/IEC 27001:2013 especifica todos os controles e objetivos necessários para o tratamento de riscos identificados do SGSI. Esses controles podem ser necessários ou não, dependendo do escopo do SGSI, ou seja, poderá ter controles desse Anexo A que não são necessários a sua implantação, dependendo da Declaração de Aplicabilidade.

6.3.2 – O que mudou para a ISO/IEC 27002:2013?

Ao contrário da norma original, que tinha 133 controles de Segurança da Informação, agora existem apenas 114 controles, listados em catorze seções, em vez de os onze originais. Muitos controles são os mesmos em relação à versão de 2005, embora o texto de orientação de alguns controles tenha sido atualizado. Outros foram excluídos, por desacordo com a evolução tecnológica no mundo. Outros, mesclados; diziam a mesma coisa de maneiras diferentes. E existem alguns novos controles que foram incluídos, sim, que não existiam na versão anterior.

Como na primeira versão, o Anexo A da ISO/IEC 27001 refletirá nos controles de Segurança da Informação, que são descritos na ISO/IEC 27002.

No entanto, talvez a mudança mais significativa seja a remoção do capítulo sobre a avaliação e o tratamento de riscos.

A tabela a seguir descreve como os controles de Segurança da Informação da nova norma ISO/IEC 27002:2013 foram excluídos. Em todos os casos, o texto de orientação foi revisto e atualizado conforme necessário.

Segue a matriz dos controles que foram excluídos da nova norma ISO/IEC 27002, com a sua devida justificativa de exclusão.

Tabela 33. Lista de controles excluídos da antiga versão da ISO/IEC 27002.

Controles excluídos	Justificativa
A.6.1.1 Comprometimento da direção com a Segurança da Informação	O grupo de trabalho da ISO afirmou que este não é um controle, e sim parte da exigência de compromisso com a gestão da ISO/IEC 27001.
A.6.1.2 Coordenação da Segurança da Informação	Como este controle lida com o estabelecimento e a orientação de um Sistema de Gestão de Segurança da Informação, pode ser encontrado na ISO/IEC 27003.
A.6.1.4 Processo de autorização para os recursos de processamento da informação	Este controle parece ser um aspecto do controle A.6.1.1.
A.6.2.1 Identificação dos riscos relacionados com partes externas	O grupo de trabalho da ISO afirmou que estes não são controles, mas parte dos requisitos de tratamento de avaliação de risco da ISO/IEC 27001.
A.6.2.2 Identificando a Segurança da Informação quando tratando com clientes	
A.10.2.1 Entrega dos serviços	Nenhuma explicação foi dada para a retirada desse controle.

Controles excluídos	Justificativa
A.10.7.4 Segurança da documentação dos sistemas	O grupo de trabalho da ISO afirmou que este controle foi removido porque a documentação do sistema é apenas outra forma de recurso que requer proteção. Sua remoção, portanto, requer consideração durante a avaliação dos riscos de tais documentos. Se eles caírem em mãos erradas, apresentam uma fonte de risco.
A.10.8.5 Sistemas de informações do negócio	O grupo de trabalho da ISO alegou que este controle foi removido porque se relaciona com toda a ISO, e tentar implementar em um único controle não funciona do jeito que a norma se propõe a fazer.
A.10.10.2 Monitoramento do uso do sistema	Aparecem como parte do *log* de eventos do controle A.12.4.1.
A.10.10.5 Registros (*logs*) de falhas	
A.11.4.2 Autenticação para conexão externa do usuário	Este controle está nos requisitos do controle de acesso A.9.1.1.
A.11.4.3 Identificação de equipamento em redes	Este controle está nos requisitos do controle A.13.1.3.
A.11.4.4 Proteção de portas de configuração e diagnóstico remotos	O grupo de trabalho da ISO alegou que as portas de diagnóstico físicas remotas estão se tornando raras e que a proteção é coberta pelo controle de acesso A.9.1.1 e pelo controle de segregação no controle de redes A.13.1.3.
A.11.4.6 Controle de conexão de rede	Este controle está nos requisitos do controle A.13.1.3.
A.11.4.7 Controle de roteamento de redes	
A.11.6.2 Isolamento de sistemas sensíveis	O grupo de trabalho da ISO alegou que, em um mundo interconectado, tal controle não tem mais um objetivo claro de acordo com a evolução das redes de telecomunicações. No entanto, nota-se que ele ainda pode ser aplicado em determinados casos.
A.12.2.1 Validação dos dados de entrada	O grupo de trabalho da ISO alegou que, desde a primeira versão da norma, quando estes controles foram recomendados, a tecnologia evoluiu e a validação de dados de entrada é apenas um pequeno aspecto da proteção de interfaces web, como, por exemplo, a injeção de SQL. Existem algumas observações sobre este assunto na seção "Outras Informações" do controle A.14.2.5, mas o entendimento geral parece ser agora que essas técnicas são de conhecimento dos profissionais desenvolvedores de software e, portanto, fora do âmbito da ISO/IEC 27002.
A.12.2.2 Controle do processamento interno	
A.12.2.4 Validação de dados de saída	
A.12.2.3 Integridade de mensagens	O grupo de trabalho da ISO alegou que este controle é o mesmo dos requisitos do controle A.13.2.1.

Controles excluídos	Justificativa
A.12.5.4 Vazamento de informações	O grupo de trabalho da ISO alegou que este controle foi excluído porque cobria apenas parte do problema associado com o vazamento de informações – e de fato não há cobertura em outro lugar. Por exemplo, o termo "vazamento" aparece nos seguintes controles: A.8.3.2, A.11.2.1, A.12.6.2 e A.13.2.4, e como orientação e outras informações. No entanto, nota-se que o termo "canal secreto" não aparece na nova versão da norma. Com relação à ameaça de vírus, alguns requisitos de mitigação dessa ameaça que são conhecidos por vazar informações seriam tratados no controle A.12.2.1.
A.14.1.1 Incluindo Segurança da Informação no processo de gestão da continuidade de negócio A.14.1.3 Desenvolvimento e implementação de planos de continuidade relativos à Segurança da Informação A.14.1.4 Estrutura do plano de continuidade do negócio	A última versão da norma costumava ter cinco controles, e agora há somente três. Os controles foram agrupados em Planejamento, Implementação e Análise de desempenho da continuidade em Segurança da Informação. Os controles que foram excluídos poderiam ser considerados princípios para a gestão de continuidade. Os controles excluídos poderão ser implementados pelo controle A.17.1.2, que trata de forma mais genérica de todas as fases de implantação da gestão de continuidade de negócios.
A.15.1.5 Prevenção de mau uso de recursos de processamento da informação	O grupo de trabalho da ISO alegou que os requisitos deste controle estão sendo contemplados no controle A.18.2.1, que exige a identificação da legislação aplicável e requisitos contratuais.
A.15.3.2 Proteção de ferramentas de auditoria de sistemas de informação	O grupo de trabalho da ISO alegou que este controle foi removido porque uma ferramenta de auditoria é apenas um ativo de informação que requer proteção. Portanto, requer atenção durante a avaliação dos riscos se tais ferramentas apresentam uma fonte de risco.

Quais são as novas seções da ISO 27002?

Tabela 34. Comparativo de controles e seções entre as versões de 2005 e 2013.

ISO/IEC 27002:2005	ISO/IEC 27002:2013	Número de controles por seção na ISO/IEC 27002:2013
A5 Política de Segurança da Informação	A5 Política de Segurança da Informação	02
A6 Organizando a Segurança da Informação	A6 Organizando a Segurança da Informação	07
A7 Gestão de Ativos	A7 Segurança em Recursos Humanos	06

ISO/IEC 27002:2005	ISO/IEC 27002:2013	Número de controles por seção na ISO/IEC 27002:2013
A8 Segurança em Recursos Humanos	A8 Gestão de Ativos	10
A9 Segurança Física e do Ambiente	A9 Controle de Acessos	14
A10 Gerenciamento das Operações e Comunicações	A10 Criptografia	02
A11 Controle de Acessos	A11 Segurança Física e do Ambiente	15
A12 Aquisição, Desenvolvimento e Manutenção de Sistemas de Informação	A12 Segurança de Operações	14
A13 Gestão de Incidentes de Segurança da Informação	A13 Segurança das Comunicações	07
A.14 Gestão da Continuidade do Negócio	A14 Aquisição, Desenvolvimento e Manutenção de Sistemas de Informação	13
A15 Conformidade	A15 Relacionamento com Fornecedores	05
	A16 Gestão de Incidentes de Segurança da Informação	07
	A17 Gestão de Continuidade de Negócios	04
	A18 Conformidade	08

Segue a descrição das novas seções da ISO/IEC 27002:2013:

✓ **A10 Criptografia.** Esta seção tem o objetivo de garantir a utilização adequada e eficaz de criptografia para proteger a confidencialidade, autenticidade ou integridade das informações. Inclui a elaboração de uma política de utilização de controles criptográficos para a proteção de informação e a proteção de suas chaves criptográficas.

✓ **A12 Segurança de Operações.** Nesta seção alguns controles do antigo item 10, do Anexo 10, Gerenciamento das Operações e Comunicações, foram agrupados nesse novo item do Anexo A, item 12, da ISO/IEC 27001:2013. Entre eles, destacam-se os controles de procedimentos operacionais sobre gestão de mudanças; o gerenciamento de capacidade; e o controle de segurança no desenvolvimento de software, com a segregação do processo em três atividades: teste, desenvolvimento e produção. Nesta seção também se encontram os antigos controles da versão da ISO/IEC de 2006: proteção contra códigos maliciosos, cópias de Segurança da Informação (*backup*), registro e de monitoramento, controle de instalação em sistemas operacionais, gestão de vulnerabilidade técnica e considerações quanto à auditoria de sistemas de informação.

- ✓ **A13 Segurança das Comunicações.** Nesta seção alguns controles do antigo item do **Anexo 10 Gerenciamento das Operações e Comunicações** foram agrupados nesse novo item do Anexo A da ISO/IEC 27001:2013. Entre eles, destacam-se os controles de gerenciamento de segurança em redes e troca de informações. O controle sobre acordos de confidencialidade e de não divulgação de informações foi melhorado com relação ao antigo controle do Anexo A 8.1.1 – Antes da contratação.

- ✓ **A15 Relacionamento com Fornecedores.** Esta seção foi incluída na nova versão da ISO/IEC 27001:2013 e demonstra claramente a preocupação com o relacionamento entre a organização e seus fornecedores. O objetivo, claro, é garantir a proteção das informações da organização que são acessadas por fornecedores. Esta nova seção inclui os controles de elaboração de política de Segurança da Informação para os relacionamentos com fornecedores; o controle de segurança, em acordos e contratos com fornecedores; e a segurança da cadeia de suprimentos de serviços de Tecnologia da Informação e Comunicações. Outros novos controles que estão incluídos na nova ISO/IEC 27001:2013 para garantir a segurança com fornecedores são os controles de: gestão da prestação de serviços com o fornecedor – nesse controle estão incluídos o monitoramento e a avaliação dos serviços dos fornecedores – e o gerenciamento das mudanças feitas pelos fornecedores.

Seguem os principais controles que foram adicionados no Anexo A da ISO/IEC 27001:2013:

- ✓ A.6.1.5 Segurança da Informação no gerenciamento de projetos
- ✓ A.12.6.2 Restrições quanto à instalação de software
- ✓ A.14.2.1 Política de desenvolvimento seguro
- ✓ A.14.2.5 Princípios para projetar sistemas seguros
- ✓ A.14.2.6 Ambiente seguro para desenvolvimento
- ✓ A.14.2.8 Testes de segurança do sistema
- ✓ A.15.1.1 Política de Segurança da Informação no relacionamento com os fornecedores

- ✓ A.15.1.3 Cadeia de suprimento na Tecnologia da Comunicação e Informação
- ✓ A.16.1.4 Avaliação e decisão dos eventos de Segurança da Informação
- ✓ A.16.1.5 Resposta aos incidentes de Segurança da Informação
- ✓ A.17.2.1 Disponibilidade dos recursos de processamento da informação

6.4 – Importância da certificação em Segurança da Informação

Se uma organização conquista o selo de certificação em ISO/IEC 27001:2013, significa que o seu sistema de gerenciamento de Segurança da Informação foi certificado em relação às melhores práticas de SI e está aprovado pelo período de três anos, o tempo de validade da certificação.

Resumidamente, o processo de certificação é dividido em três estágios:

- ✓ **Primeiro estágio:** o responsável pelo Sistema de Gestão de Segurança da Informação coordena uma auditoria interna. Pode ser realizada pelos auditores internos da organização. Após, as recomendações de não conformidades devem ser tratadas.

- ✓ **Segundo estágio:** é realizada a revisão sobre a existência e completude da documentação chave dos controles de Segurança da Informação implementados no SGSI, como, por exemplo, a declaração de aplicabilidade (DA) e o plano de tratamento de risco (PTR).

- ✓ **Terceiro estágio:** é realizado um detalhamento do que foi comprovado no segundo estágio, com uma auditoria em profundidade envolvendo a existência e a efetividade dos controles de SI, declarado na DA e PTR, e a documentação de suporte.

O certificado é emitido por um órgão de certificação que tem a acreditação da ISO/IEC 27006:2011, o que prova que foram tomadas as medidas necessárias para proteger as informações críticas e relevantes da organização contra a quebra de Segurança da Informação em todos os seus requisitos: confidencialidade, integridade, disponibilidade, autenticidade e legalidade.

Imagine, por exemplo, se um banco conquista essa certificação. As informações de milhares de clientes estarão protegidas por um sistema que está em constante melhoria nos seus processos de SI, mediante o ciclo PDCA. Além de reduzir o risco de que um incidente de segurança aconteça, como um roubo de dados ou de bens dos seus clientes, a imagem que esse banco passará para seus clientes é muito positiva, pois estará preocupado em implantar controles de Segurança da Informação para proteger informações confidenciais.

A conquista da certificação ISO/IEC 27001:2013 deve agregar os seguintes benefícios:

- ✓ Melhora da imagem da organização no mercado em que atua e uma reputação melhor.
- ✓ Clientes mais confiantes em adquirir produtos.
- ✓ Uma maior transparência sobre todas as operações de negócio.
- ✓ Melhor planejamento e controle sobre os riscos a que a organização está suscetível.
- ✓ Melhora no planejamento de gestão de mudanças, diminuindo o número de falhas em operações críticas da organização.
- ✓ Aumento do desempenho operacional, mediante a realização dos procedimentos de trabalho de forma segura.
- ✓ Proteção das informações críticas e relevantes da organização.

6.5 – Resumo executivo

As principais normas da família 27000 sobre Segurança da Informação são:

- ✓ ISO/IEC 27000:2012 – Tecnologia da Informação – Técnicas de Segurança – Sistemas de gestão de Segurança da Informação – Visão geral e vocabulário.
- ✓ ISO/IEC 27001:2013 — Tecnologia da Informação – Técnicas de Segurança – Sistemas de gestão de Segurança da Informação – Requisitos.
- ✓ ISO/IEC 27002:2013 – Tecnologia da Informação – Técnicas de Segurança – Código de pratica para a gestão da Segurança da Informação.

- ABNT NBR ISO/IEC 27003:2011 – Tecnologia da Informação – Técnicas de Segurança – Diretrizes para implantação de um sistema de gestão da Segurança da Informação.

- ABNT NBR ISO/IEC 27004:2010 – Tecnologia da Informação – Técnicas de Segurança – Gestão da Segurança da Informação – Medição.

- ABNT NBR ISO/IEC 27005:2011 – Tecnologia da Informação – Técnicas de Segurança – Gestão de riscos de Segurança da Informação.

- ISO/IEC 27006:2011 – Tecnologia da Informação – Técnicas de Segurança – Requisitos para organismos de auditoria e certificação de sistemas de gestão de Segurança da Informação.

- ABNT NBR ISO/IEC 27007:2012 – Diretrizes para auditoria de sistemas de gestão da Segurança da Informação.

- ISO/IEC TR 27008:2011 – *Information Technology – Security Techniques – Guidelines for auditors on information security controls.*

- ISO/IEC 27010:2012 – *Security Techniques – Information security management for inter-sector and inter-organizational communications.*

- ABNT NBR ISO/IEC 27011:2009 – Tecnologia da Informação – Técnicas de Segurança – Diretrizes para gestão da Segurança da Informação, para organizações de telecomunicações baseadas na ABNT NBR ISO/IEC 27002.

- ISO/IEC 27013:2012 – *Security Techniques – Guidance on the integrated implementation of ISO/IEC 27001 and ISO/IEC 20000-1.*

- ABNT NBR ISO/IEC 27014:2013 – Tecnologia da Informação – Técnicas de Segurança – Governança de Segurança da Informação.

- ISO/IEC TR 27015:2012 – *Information Technology – Security Techniques – Information Security management guidelines for financial services.*

- ISO/IEC TR 27019:2013 – *Information Technology – Security Techniques – Information Security management guidelines based on ISO/IEC 27002 for process control systems specific to the energy utility industry.*

- ✓ ISO/IEC 27031:2011 – *Information Technology – Security Techniques – Guidelines for information and communication technology readiness for business continuity*

- ✓ ISO/ IEC 27033-1:2009 – *Information Technology – Security Techniques – Network Security – Part 1: Overview and concepts*

- ✓ ISO/IEC 27033-2:2012 – *Information Technology – Security Techniques – Network Security – Part 2: Guidelines for the design and implementation of network security.*

- ✓ ISO/IEC 27033-3:2010 – *Information Technology – Security Techniques – Network Security – Part 3: Reference networking scenarios – Threats, design techniques and control issues.*

- ✓ ISO/IEC 27033-5:2013 – *Information Technology – Security Techniques – Network Security – Part 5: Securing communications across networks using Virtual Private Networks (VPNs)*

- ✓ ISO/IEC 27037:2012 – *Information Technology – Security Techniques – Guidelines for identification, collection, acquisition and preservation of digital evidence.*

- ✓ ISO 27789:2013 – *Health informatics – Audit trails for electronic health records.*

- ✓ ISO 27799:2008 – *Health informatics – Information Security management in health using ISO/IEC 27002.*

Capítulo 7
Considerações Finais

Neste capítulo estão descritas as conclusões com relação aos resultados esperados ao ler esta obra.

Este livro busca desenvolver um modelo de governança de Segurança da Informação aplicável a qualquer organização.

Os responsáveis pela Segurança da Informação em suas organizações devem ler este livro com o intuito de aplicar os conceitos e técnicas demonstradas, a fim de identificar a melhor forma de proteger suas informações críticas e garantir o retorno de seu investimento em SI, com significativa vantagem competitiva.

Para nivelar o conhecimento sobre o assunto proposto, descrevem-se os principais conceitos sobre Segurança da Informação.

Definem-se também os principais conceitos sobre Governança Corporativa: a transparência, a prestação de contas, a equidade e a responsabilidade corporativa (sustentabilidade) – todos indispensáveis para a sobrevivência das organizações de hoje.

O desenvolvimento deste livro relata a integração da Governança Corporativa com outros assuntos internos de uma organização, como a Tecnologia da Informação, indicadores e projetos.

Apesar de os conceitos de Governança Corporativa não serem recentes, a sua integração com os conceitos de Governança de Segurança da Informação ainda é um grande desafio para todos os profissionais da área, que estão buscando alinhar o melhor de cada prática para chegar a um modelo de Governança de Segurança da Informação ideal.

Espera-se que este livro sirva de guia na definição de um modelo ideal para a Governança de Segurança da Informação de cada organização. Embora trabalhosas, se forem seguidas todas as fases e atividades demonstradas aqui, com exemplos práticos, sua elaboração e sua implantação se tornarão fáceis.

Vale ressaltar mais uma vez que o modelo proposto de Governança de Segurança da Informação é adaptável a qualquer organização, mesmo àquelas que não têm uma Governança Corporativa implantada.

O livro traz a história da família da ISO/IEC 27000 e toda a sua importância para padronização e disseminação das melhores práticas de Segurança da Informação no mundo, incluindo a descrição do sistema de gestão de SI e a importância da certificação ISO/IEC 27001:2013.

Durante a leitura desta obra, aprende-se como a Segurança da Informação irá contribuir para os objetivos estratégicos de uma organização. Conceitua-se o que é Governança de Segurança da Informação e desenvolvem-se o modelo de GSI e o seu *framework* de controle e gerenciamento – onde todos os processos do ativo de Tecnologia da Informação poderão ser avaliados em sua conformidade e no seu nível de capacidade.

Com o modelo de Governança de Segurança da Informação e o seu *framework* apresentado neste livro, será possível avaliar sistematicamente como a SI contribui para o alcance dos objetivos estratégicos da organização.

O guia prático do modelo de Governança de Segurança da Informação apresentado poderá ser ajustado de acordo com o perfil de cada organização, com o objetivo de atender à estrutura organizacional e aos recursos existentes, contribuindo para o melhor aproveitamento da solução.

Relata-se como mapear os principais processos de negócios críticos organizacionais. Assim, sabe-se onde a operação da organização é mais crítica e onde a Segurança da Informação deve atuar com mais afinco, com o objetivo de identificar e tratar os principais riscos.

Uma das definições para governança é a "gestão da gestão". Por isso, descreve-se a metodologia de gestão de Segurança da Informação, onde são relatados os papéis e as responsabilidades do Chefe de Segurança da Informação e do Escritório de Segurança da Informação.

Os gestores de SI devem ser solucionadores e viabilizadores do negócio sob a ótica de SI, administrando os riscos que trazem prejuízo para o negócio, caso ocorram, de tal forma que possam enfrentar um ambiente com ameaças e vulnerabilidades. Tais gestores devem enfrentar esses desafios de forma proativa e preventiva, consciente com o risco identificado, e tratá-los de acordo com as melhores práticas do mercado, apresentadas neste livro.

Além disso, descreve-se a metodologia de gestão de melhoria contínua do ciclo PDCA, e a sua evolução para o ciclo PDCL, e como realizar um diagnóstico sobre a gestão de Segurança da Informação.

Como apresentado nesta obra, é de suma importância realizar a gestão de riscos de SI preconizada pela ABNT NBR ISO/IEC 27005:2011. Assim, serão identificados os principais impactos, vulnerabilidades e ameaças que poderão ocorrer na organização, caso os riscos não sejam tratados adequadamente.

Além de tratar os riscos, é recomendado verificar a eficiência e eficácia dos controles de Segurança da Informação. Uma das possíveis técnicas disponíveis é o teste de invasão, detalhado para ser utilizado durante o diagnóstico da gestão de SI e após a implantação das ações de SI.

Durante a leitura deste livro verifica-se a importância de ter um Plano Estratégico de Segurança da Informação, pelo qual é possível atender aos objetivos estratégicos de SI e atingir a visão de SI que toda a organização deveria ter, no sentido de proteger o que há de mais precioso numa organização: as suas informações.

Muitas organizações só se preocupam em implantar ações de Segurança da Informação quando ocorre um incidente – por exemplo, um vazamento de informações sigilosas, ou quando sua página web é atacada e invadida por pessoas mal-intencionadas. Com a elaboração e execução do Plano Estratégico de Segurança da Informação, a organização trata de forma proativa as principais vulnerabilidades, ameaças e riscos a que está exposta.

O próprio Plano Estratégico de Segurança da Informação deve conter as ações para a implantação do modelo de Governança de SI proposto, pois contém todos os projetos de Segurança da Informação que serão executados durante um período de tempo planejado. Um desses projetos pode ter como escopo principal a implantação do modelo de Governança de Segurança da Informação. Esse plano pode se ajustar à metodologia já utilizada na organização, de forma a contribuir para um ganho de eficiência e de eficácia na implantação da GSI.

No plano de ação para a implantação da Governança de Segurança da Informação estão descritos, de forma genérica, quatro objetivos. Um deles é a proteção da infraestrutura crítica da organização contra ataques cibernéticos. Este tema foi escolhido para ilustrar como as ações de Segurança da Informação podem mitigar esta ameaça, que está atualmente no noticiário na imprensa brasileira sobre a espionagem da *National Security Agency* (NSA) em dados sensíveis e sigilosos brasileiros.

Para atender ao objetivo de Segurança da Informação, essa ameaça poderá ser mitigada com a implantação das seguintes ações enumeradas: a gestão de riscos em toda a infraestrutura crítica, que deve ser mapeada e inventariada; o teste de invasão, simulando ataques reais como se fossem os técnicos da NSA tentando coletar informações sensíveis; o monitoramento contínuo de todos os ativos; e a implantação de uma equipe de tratamento de incidentes para tratar todos os alertas, eventos e incidentes que forem monitorados.

Para que qualquer ação de Segurança da Informação seja efetivada com sucesso e resultados positivos, é preciso estabelecer uma cultura de SI, onde todas as pessoas pensem de forma proativa em segurança, adquirindo habilidades que possam melhorar o seu trabalho, bem como a sua vida pessoal, mediante conhecimento de como se portar na internet e proteger seus dados pessoais.

Embora seja um assunto relativamente novo, o tema Segurança da Informação é visto como um investimento estratégico e está em ascensão em todos os tipos de modelo de negócios e em variadas organizações, tornando-se um diferencial competitivo, pois a SI agrega valor ao negócio e à imagem da organização.

Espera-se que este livro contribua para determinar, obter, sustentar e melhorar a Segurança da Informação, tornando-a, assim, uma atividade essencial para assegurar a competitividade, a lucratividade, o fluxo de caixa, o atendimento aos requisitos legais (nacionais e internacionais) e a melhora da imagem de qualquer organização junto ao mercado onde atua.

Referências Bibliográficas

Livros, melhores práticas, web sites e legislações descritos nesta seção contribuíram direta ou indiretamente para o conhecimento adquirido para escrever este livro, e nos diversos trabalhos realizados na área de Tecnologia da Informação e Segurança da Informação nos últimos dezesseis anos da minha carreira profissional.

Livros

ALVES, Gustavo Alberto de Oliveira. **Segurança da Informação:** uma visão inovadora da gestão. Rio de Janeiro: Ciência Moderna, 2006.

ARAÚJO, Márcio Tadeu; FERREIRA, Fernando Nicolau Freitas. **Política de Segurança da Informação:** guia prático para elaboração e implementação. 2 ed. Rio de Janeiro: Ciência Moderna, 2008.

CAMPOS, André. **Sistema de Segurança da Informação:** controlando os riscos. Florianópolis: Visual Books, 2006.

FERREIRA, Aurélio Buarque de Holanda. **Dicionário Aurélio.** 5 ed. Curitiba: Positivo, 2010.

FONTES, Edison. **Praticando a Segurança da Informação.** Rio de Janeiro: Brasport, 2008.

KAPLAN, Robert S.; NORTON, David P. **Estratégia em Ação:** Balanced Scorecard. Rio de Janeiro: Campus, 1997.

SÊMOLA, Marcos. **Gestão da Segurança da Informação:** uma visão executiva. Rio de Janeiro: Campus Elsevier, 2002.

TZU, Sun. **A arte da guerra.** Rio de Janeiro: Ediouro, 2009.

WEISZFLOG, Walter. **Michaelis Moderno Dicionário da Língua Portuguesa.** São Paulo: Editora Melhoramentos, 2010.

Melhores práticas

ASSOCIAÇÃO BRASILEIRA DE NORMAS TÉCNICAS. NBR ISO/IEC 27001 Sistemas de gestão de Segurança da Informação – Requisitos. Rio de Janeiro, 2006.

ASSOCIAÇÃO BRASILEIRA DE NORMAS TÉCNICAS. NBR ISO/IEC 27002 Tecnologia da informação – Técnicas de segurança – Código de prática para a gestão da Segurança da Informação. Rio de Janeiro, 2005.

ASSOCIAÇÃO BRASILEIRA DE NORMAS TÉCNICAS. NBR ISO/IEC 27003 Tecnologia da Informação – Técnicas de Segurança – Diretrizes para implantação de um sistema de gestão da Segurança da Informação. Rio de Janeiro, 2011.

ASSOCIAÇÃO BRASILEIRA DE NORMAS TÉCNICAS. NBR ISO/IEC 27004 Tecnologia da informação – Técnicas de segurança – Gestão da Segurança da Informação – Medição. Rio de Janeiro, 2010.

ASSOCIAÇÃO BRASILEIRA DE NORMAS TÉCNICAS. NBR ISO/IEC 27005 Tecnologia da informação – Técnicas de segurança – Gestão de riscos de Segurança da Informação. Rio de Janeiro, 2011.

ASSOCIAÇÃO BRASILEIRA DE NORMAS TÉCNICAS. NBR ISO/IEC 27014 – Tecnologia da Informação – Técnicas de Segurança – Governança de Segurança da Informação. Rio de Janeiro, 2013.

ASSOCIAÇÃO BRASILEIRA DE NORMAS TÉCNICAS. NBR ISO/IEC 38500 – Governança corporativa de Tecnologia da Informação. Rio de Janeiro, 2009.

ASSOCIAÇÃO BRASILEIRA DE NORMAS TÉCNICAS. NBR ISO 22301 – Segurança da sociedade – Sistema de gestão de continuidade de negócios – Requisitos. Rio de Janeiro, 2013.

ASSOCIAÇÃO BRASILEIRA DE NORMAS TÉCNICAS. NBR ISO/IEC 20000-1:2011 – Tecnologia da Informação – Gestão de serviços Parte 1: Requisitos do sistema de gestão de serviços. Rio de Janeiro, 2011.

INSTITUTO BRASILEIRO DE GOVERNANÇA CORPORATIVA. Código das Melhores Práticas de Governança Corporativa. 4 ed. São Paulo, 2010.

NATIONAL INSTITUTE OF STANDARDS AND TECHNOLOY. 800-115. Technical Guide to Information Security Testing and Assessment. EUA, 2008.

PROJECT MANAGEMENT INSTITUTE. Um guia do conhecimento em gerenciamento de projetos. 4 ed. São Paulo: Saraiva, 2012.

SYSTEMS AUDIT AND CONTROL ASSOCIATION COBIT 5: A Business Framework for the Governance and Management Of Enterprise IT. 1 ed. EUA: Icasa, 2012.

THE OPEN SOURCE SECURITY TESTING METHODOLOGY MANUAL 3. Contemporary Security Testing and Analysis. Espanha, 2006.

Web sites

http://dsic.planalto.gov.br/

http://www.enisa.europa.eu/

http://www.ibgc.org.br/Home.aspx

http://www.isaca.org/cobit

http://www.iso.org/iso/home/standards.htm

http://www.iec.ch/

http://www.isecom.org/home.html

http://www.nist.gov/index.html

https://www.owasp.org/index.php/Main_Page

Legislações

BRASIL. Instrução Normativa GSI Nº 1, Disciplina a Gestão de Segurança da Informação e Comunicações na Administração Pública Federal, direta e indireta, e dá outras providências (publicada no DOU Nº 115, de 18 Jun. 2008, seção 1).

BRASIL. Norma Complementar nº 02/IN01/DSIC/GSIPR, Metodologia de Gestão de Segurança da Informação e Comunicações (publicada no DOU Nº 199, de 14 Out. 2008, seção 1).

BRASIL. Norma Complementar nº 04/IN01/DSIC/GSIPR, e seu anexo (Revisão 01), Diretrizes para o processo de Gestão de Riscos de Segurança da Informação e Comunicações – GRSIC – nos órgãos e entidades da Administração Pública Federal (publicada no DOU Nº 37, de 25 Fev. 2013, seção 1).

BRASIL. Norma Complementar nº 06/IN01/DSIC/GSIPR, estabelece diretrizes para Gestão de Continuidade de Negócios, nos aspectos relacionados à Segurança da Informação e Comunicações, nos órgãos e entidades da Administração Pública Federal, direta e indireta – APF (publicada no DOU Nº 223, de 23 Nov. 2009, seção 1).